CW01507319

GARY ROBERTSON was bo
in Dundee all his life. A fitness fanatic who has climbed
Scotland's 284 Munros, in 2001 he won the BBC 2 reality TV
series, *SAS: Are You Tough Enough?* He very much enjoys
family life and even finds time for playing the bagpipes. He
and fellow Dundonian Mark Thomson are the two halves of
Tribal Tongues, a high energy poetry partnership perfoming
in the Dundee dialect.

Ah Thi Best

Gary

By the same author:

SAS: 11 Days in a Hell Called Paradise
Gangs of Dundee, Luath, 2007

Pure Dundee

GARY ROBERTSON

First published 2007

ISBN (10): 1-906307-15-6
ISBN (13): 978-1-906307-15-8

The paper used in this book is recyclable.
It is made from low-chlorine pulps produced in a low-energy,
low-emission manner from renewable forests.

The publishers acknowledge the support of

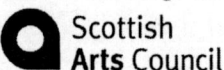 Scottish
Arts Council

towards the publication of this volume

The author's right to be identified as author of this book
under the Copyright, Designs and Patents Act 1988 has been asserted.

Printed and bound by
Bell & Bain Ltd., Glasgow
Typeset in 10.5 point Sabon

© Gary Robertson 2007

Contents

For Mum, Dad and Steff

Introduction

THOUGHT POETRY WIZ fir jessies? Well wen *we* wir it skale it wiz, or that wiz oor perception o it anyweh. Wenivir thi teachee mentioned thi wurd 'poetry', under yir braith wiz a 'Aw fir fuck's sakes no!' Simply put, poetry wiz jist pure pish ti us!

Even wir ane celebrated master 'Rabbie Burns' wahz literary genius huz travelled thi whole wurld an stood thi test o time wiz seen az shite. Maist o thi 'bad ladz' in oor class became well acquainted wi Rabbie fir ah thi wrang reasonz. Thi classic 'Tam o Shanter' wiz handed oot regularly az punishment lines az wiz that ither epic 'Thomas Spence' beh sumdee eh incredibly canna mind thi name o. (Eh should ken, eh wrote it oot enough times ti fuhl a roll o wahpaper!) Baith wir time-consumin nightmares thit ate inti yir play time at night. That jist made us hate poetry even mair. It jist didna connect wi fowk like us, especially wen ye wir young. Ye see eh grew up in a multi in a Dundee hoosin skeem ca'd Whitfield then later moved ti itz nearbeh neighbour ca'd Fintry an thi only hingz thit really mettird ti me wiz playin futba, catchin bees, burd-nestin an generally gittin up ti nae gade.

Like any nostalgic dreamer wah looks back on thir young dayz, thi 1970s fir me provided times o great happiness an freedom. Thi term 'political correctness' wiz az alien ti us az a sting fae a yella-nosey bee. Back then ye got a cuff on thi back o thi hade if ye wir cheeky an a boot up thi erse if ye wir really bad an ye nivir batted an ehlid. Money wiz jist sumhin ye dreamt aboot – abdee wiz skint. Wi picked berries, howked tatties, collected empty lemonade bottles aroond thi doors an thoroughly enjoyed wirselz daein it.

In fact thi whole decade iz fuhl o a mullion memories fae thi outrageous fashions, thi music, thi gemmes ye played, thi skeem gangs, through ti thi futba terrace aggro, skale dayz an gittin yir furst neckie at kissy catchy.

So then ye might ask, wahr diz poetry come inti it? Well wi nae real love fir writin an a failed 'O' Level in English eh wid hae ti ask masel thi same question. It really ah started back in thi autumn o 2001 an an appearance on thi BBC 2 reality TV series ca'd *SAS: Are You Tough Enough?* On mi return hame efter winnin thi show eh decided ti sit doon an write a day-beh-day accoont o meh experiences o goin through thi SAS tests. Eventually eh wrote enough ti hae a shoart autobiographical story which eh self-financed ti git published. Thi result wiz a book ca'd *SAS: 11 Days in a Hell Called Paradise.* Durin thi period o writin this an quite literally oot thi blue, eh started writin poetry.

Thi furst few po-umz wir in Inglish but then eh started writin in Dundonian fir thi simple reason, it jist seemed right. Eh then joined a writin group at thi Highwayman Centre on thi Hulltoon an met twa guyz wah really inspired iz ti bettir thingz. Mark Thomson an Kevin McCabe wir jist twa ladz fae a similar backgroond ti masel an hud developed a love fir writin. They wir also pennin thir material in dialect but mair interestinly – thi wir rehearsin it an performin it aroond Dundee. Eh decided ti gie it a go an eh must say eh wiz absolutely shitin mi breeks but wut a buzz! That wiz it, eh wiz off.

Wut eh did notice early on wiz thi reaction o thi crowd wen ye spoke o local stuff an thi hingz thit fowk wir able ti relate ti, especially thi humour. Eh began ti dig deep an churn up childhood memories then grab thi pen an rattle it doon on paper. Much o thi ammo wiz provided durin sessions o reminiscin banter on a factray shopflair. Also included in this collection ir pieces o hard social comment, observational rantin an hingz thit git right on meh titz! Thi language here in itz written form izna strictly oary (thi handle fir Dundee dialect) Dundonian, mair o a saftened doon phonetic version o thi ra spoken wurd. This decision wiz tane hopefully ti mak it mair readable az 'pure Dundee' looks mair like Indo-Bulgarian Gaelic wen written on a page!

Read on then an enjoy thi undiluted honesty o thi language fae thi streetz wahr eh come fae an if ye kin, spare a thought fir meh puir erse now permanently disfigured wi an implant o a factray lavvie sait wahr many o thi rymz hut thi page.

A wee wurd aboot thi lingo:

If yir an ootsider an no atuned ti thi 'Dundee lug' jist remember, unless at thi start o a wurd maist letter t's irna pronounced – ye need ti substitute it wi a kind o duff-soundin mellow grunt thitz fund at thi back o yir tongue wahr thi dangly but hingz doon. Maist letter i's go wi thi i sound in thi wurd 'hit' an last but no least, thi famous 'eh' sound az in thi e letter fae thi wurd 'met'.

There ye are, now git oot an spread thi oary tongue!

Sehturday Night

Open thi cage lit thi lunatics loose
Hit thi off-licence fir some alcohol abuse
Quick hit, tastes shit, doon thi fuckin lot
Psychotic fuse lit, cares no a jot
Add ti thi cocktail, cocaine an amphetamines
Sold fae a stall beh thi criminal kind
Thi chemical reactions bring havoc ti thi mugz
Now... saft targets sought beh pugilistic thugz

See thi dark shadows trawl in a bloodthursty mob
Violence an vandalism, bully, beat an rob
A streetlight illuminates thi hunt an thi kill
A young hade kicked senseliss then stabbed fir thi thrill
Skreemz o delight – 'victray' fir thi pack
While innocence lehz dehin waatchin hivvin fae eez back
Waarm tearz pour fae a lonely broken herht
A mither an a son – now cruelly toarn aperht

Sirens pierce thi night, now fear hitz thi mind
A caald, damp cell beckinz, bravado wiz blind
Vomit shootz oot az thi hangover kicks in
Realihty iz murdir... an murdir iz sin
Starin at thi wahz in yir piss-stained new 'home'
Barz ristrict liberty, nae freedom ti roam
Wut a laugh, wut a giggle, wut a Sehturday night
Now pull up thi blankit, an turn aff thi light

Coloured Ribbons an Tarnished Brass

Wen eh wiz wee eh asked mi Granda
Ah aboot thi waar
He telt me tailz o horrir –
In landz awa aff far
North Africa – 1942 –
Montgomery's desert campaign
Az a young man o thi Black Waatch,
He described El Alamein.

'It musta been terrible Granda,
How did ye ivir survehv?'
'It wiz jist sheer bliddy luck son,
Sheer bliddee luck ehm stull alehv.'
An wi tears o pain ee remembered,
Ah thi mates eed left ahind
Caught in a hellish German barrage,
An torn beh thi guns an mines.

'Ti thi strainz o Hielan Laddie,
Thi pipers led thi way.
We forced thi Germans back son,
Ah thi weh ti Tripoli
proud Rommel hud hud inuff,
O thi faimiss Highland Division
Thi Jocks hud fought wi untold bravery –
Retreat wis wize decision.'

'Ye ken yir ither Granda wiz thare,
Eh servin az a gunner.
Thay ladz hud oor admiration,
Boy thay hud thi Germans scunnered.
Well fae thare wi went ti Sicily,
Wahr sadly, mair guid comrades fell,

Then efter that, thi lion's den,
Thi Third Reich's hame itsel.'

Well that wee laddie sat thare,
Jist starin… open-moothed.
Theez tales eed remember ah eez life,
'Son, yiv heard thi truth.'
'But Granda, wutz theez coloured ribbons,
An starz o tarnished brass?'
'Thare medulz o thi campaigns son,
An memories o thi past.'

An now az a man eh understand,
That yeerly November moarnin
Why we stand in thoughtful,
silent respect, at thi Pooree Brae in mournin
'Flooirz o thi Forest' lamentz eerily;
Thi bugler soundz thi Last Post
An tearfuhlly, eh picture twa young men caught –
In Hell neer thi North African coast.

Ehm Gonna

Gonna cheenj thi wurld fae meh bed
Dreemz an ehdeeaz race roond in meh head
So much ti dae an ehm thi man
A modirn freethinker wi thi mastir plan
Gonna study at Uni an git a degree
A doctor or a scientist, eh thatll dae me
Gonna own a big fancy hoose
Gonna rev mi Ferrari wen ehm oot on thi loose
Gonna lead instid o bein led
Gonna mak sure thi poor o this land ir aye fed
Gonna train hard an win Olympic gold
Gonna be a writer writin stories untold
Or mibbee thi stage iz thi place
A thespian pirformir wi thi wurld-faimiss face
Nah, ehm gonna aim heghir an furthir afield
Space exploration bringz much mair appeal
Eh, thi wurldz meh oyster right inuff
Ehm gonna succeed an achieve ah that stuff
Sure, thir oalnay wurdz fae meh head
But thayll soon become reality...
If eh kid jist git oot this bliddee bed!

Maggie's Den

Concrete jungles, urban decay
Inner-city hellholes, fear an dismay
Anarchy an hatred, seeck o ah thi lehz
Complete social breakdoon, fire in thi skehz
SAS troopirz on a balcony
Hostages rescued fae a burnin Embassy
IRA nail bombz, Argentine aggression
A Task Force ti thi Falklands – nae fuckin messin
Bittir miners strikes, scabz an flehin pickitz
Mindliss polis violence, viscous, cruel an wickid
Poll Tax riots, concessions fir thi rich
A Cabinet fuhl o puppets, a puppet mastir bitch
Music o thi times, soundz o angry youth
Rude Boyz, skins an punks, skreemin oot thi truth
Thi age o thi yuppie, an YOP schemes
3 mullion unemployed, life's an empty dreem
Stockpiled Polaris missiles, nivir mind thi cost
Greenham Common, Faslane, thi threat o holocaust
Dishonesty an deception, emblazoned on a page
Media hysteria, ootcreh an public rage
Policies fir thi people, bent system an bent State
Brittania rules thi waves, rade, wite, blue an Great
79 ti 90, a black door – Number 10
That lioness, thi Iron Lady, thi hell o Maggie's Den

Gangs o Dundee

Lit me tak ye back ti a time
Wen skeem intrusion wiz a crime
Wen territorial tribal hate
Saw youth display thir violent trait
Boundaries marked beh spray-pehnt scrawl
Sade 'Kick ti Kill' on a rade brick wall
Uniformed soldiers patrolled thi estates
Gang jumpirz, rolled-up jeanz an baits
Proud membirz o thi warrin clanz
Thi Toddy, HULA, Huns an Shams
Bootboyz fae a hard elite
Thi Shimmy, Mid an thi Lochee Fleet
Thi Beechie Mob an thi YMB
Urban warriors – do or dee
Thi Mull o Mains an thi Pak az well
Born an raised in thi depths o Hell
Litz no firgit thi ither factions
Riddee fir a fight aye lookin fir action
Thi Pentland Havoc an thi Gourdie Troop
Thi Springy an thi Stobie Boys roamin aboot
Thi Kinghorne Skins an thi Meenishill
Thi Poley, thi Clemy an ithirz still
Thi harsh battlegroonds o Camperdoon
Thi Cairdie, Drumgeith, an thi centre o toon
'Come on ye bastirdz' wehnt thi shout
Cro-Magnon mayhem in a fist fight bout
Nae quaarter fir thi fallen...
Kicked ti fuck in scenes appallin
Sadly, nuhinz cheenjed thi day
It seemz oor youth jist lives that way

Wen Thi Bootboyz Ruled

Wen thi bootboyz ruled, thay wir naebideez foolz
Fists an baits, wir thi toolz
Thi toolz o justice, thi toolz o rage
Testosterone mobz, gang warfare age
Hair cropped shoart, Ben Shermans an braces
Bulled Doc Mehrtinz, rebellious faces
Friday night aggro, thi boot wehnt in
A hunger fir violence, thi dance o thi skin
Sham 69 gigz, ra energy an noise
Borstal Breakout chorus, thi anger in thi voice
Sehturday match day, scarf aroond thi wrist
Doon thi local boozer, absolutely pissed
Steel toe-caps an adrenaline, hooliganz on thi street
Thi clash o thi bootboy armies, nae thoughts o gittin beat
Sirens wailin loudly, thi polis joined thi fray
Lawlissniss an mayhem, thi highlight o thi day
Hurled in a meatwagon, handcuffed ti PC Plod
Magistrates on Monday, judge's wurd wiz God
'Yir a menace ti society, six months in a cell!'
Released efter three, ye played thi System well
Uniformed once mair, in shiny ox-blood baits
A shaven-haded warrior, thi kind thi public hates
In eez carefree mind, ee saw eez sel az cool
An thatz how it wiz, wen thi bootboyz ruled

Thi Gemmes Wi Yoosta Play

'It seemz like only yasetirday'
so thi faimiss sayin goes
but thi memories bring a smile
wi thi pastimes that wi chose
a gemme o dade manz fa
an aald battered tub fir kickie aff thi wa

Di ye mind o kick thi can?
sumdee booted it, thi ithirz ran
chickenelly wen ye rattled thi doors
oot thayd come an aff ye tore
wak thi plank or jine thi crew
Chinese burnz, battered black an blue

British bulldoagz an really-fo
an two-man hunt – ye wir aye on thi go
a day at thi berries makkin money – bra
until ye played pitchy an threw it ah awa
simple gemmes like hide an seek an tig
an ithirz like roondirz, ye hud ti be quick

Playin marrayz wi Frenchys an steelies
swaappin cairdz wile chaa-in a lovely jam heelee
cowboyz an Indians, Japs an Jerries
toy fightin on thi grass an cuddee back kerries
burd-nestin an catchin beez in a jar
nowadayz, thay practises ir probably barred

Ye yoosta git a hornet an a bumbler ti scrap
then execute thum fir no fightin in thir boxin jar trap
playin conkirz – 'This ainz a twihnty-sixer'
swearin blind wen yir mate missed an hit yir finger
an thi lassies hud books fuhl o scraps
wee cherubz in clouds an ithirz ti swaap

Singin sangz playin doublirz on a wa
'Capey-ti-clappy' wi twa tennis baz
jined-up elastics an an aald waashin line
perfect fir thi sangs that thi skipped ti in time
thi also hud clackirz an spinnin hula hoops
a classroom in thi backies, playin schooleez in groups

An thi pavey wiz decorated
wi thir bright coloured chalks
wi boxiz marked oot – fir gemmes o hopscotch
now winter brought a pleasure ah o itz ane
nae dough fir a sledge bit ye hud fun jist thi same
an aald ironin board an a steep icy brae

A wee shove fae yir mate an that wiz ye away
sna ba fights an pittin oot waater fir a slide
thi aald foageyz wurna happy
but ye didna half glide
an thi best o it wiz, wi did maist o this fir free
nae need fir indulgin in lavish spendin spreez

Eh, fae thi minit wi got up,
tull thi end o thi day
we kent how ti hae fun...
in thay gemmes wi yoosta play!

Dundee Fowk

In oor toon weev got... fat fowk, skinny fowk,
Ainz thit yoosta tattie-howk
Berry pickirz, doolee flickirz,
Dames thit dinna wear nae knickirz
Ainz thit treh an speak polite,
An ainz thit only gibber shite
Oary fuckirz, greasy truckirz,
Crazy psychopathic nuttirz
Bonnie fowk an ugly fowk,
An ainz wi a pus like a horsiz dowp
Bizniss men an bizniss weemin,
Angry mithirz, bairnz skreemin
Ainz thit run aboot in gangs,
Orange fowk wi fake tanz
Dodgy dealirz, clipers, squealirz,
Yarn spinnirz, bullshit spielirz

Wiv got wifies thit kid yap ah day,
Chatterboxiz some wid say
Men nivir oot thi local bookeez,
Brawlirz goin aboot wi stookeez
Tinkies, minks an utter gadgies,
Asians sellin onion bajjeez
Modulz, slappirz, tarts an pricks,
An fowk thit git right on yir titz
Wiv got ainz thitve gone ti Hollywood,
MSPs in Hollyrood
Young dilinquintz, cheeky monkeys,
Beggirz, spunjirz, heroin junkies
Hard men, an Walter Mittys,
Gamblirz playin fir massive kittys
Fowk thit grace thi terrace,
Dens or Tannadice thay cherish

Wiv got characters ayewiz blootird,
Stottin aboot in a drunken stupor
Fowk thit ir aye in prison,
An ainz thi polis ir ayewiz quizzin
Singirz, chantirz, highland dancers,
Them thit generate thi banter
Storytellirz, thieves an welders,
Courier an *Tully* sellirz
Fae thi distant past thirz faimiss names,
An ainz thit styed in crowded hames
Dundee fowk o thi tenimintz,
Poor az hell but in thir element
Hardy whalers, skilled shipwrights,
Ainz thit laboured shovellin shite
Steamie dames an fowk in millz,
Anyhing ti pye thi billz

Wiv got fowk thit sign thi dole,
An ainz thit ayewiz waant thir hole
Skale plunkirz, jail bunkirz,
Ex-hippies, mods an punkirz
Fowk fae oot thi toon,
An newcomers thit've settled doon
Religious leadirz, *Beano* readirz,
Jammy bastirdz, lucky bleedirz
Eh, fowk thit've won thi lottery,
An street bairnz wi noses snottery
Ithirz dilivirin poetic lyrics, prophets,
Sceptics, doonright cynics
Eh, wut a collection wiv got,
Thi City o Discovery's got thi lot
An thirz plenty mair nae doubt,
Past an present – Dundee fowk!

Twa Pints Meh Erse

'Right, thatz me awa oot dear.'
'Eh dinna worry, ehl no be late,
ehm jist goin fir a couple o beerz!'
But litz be honest, ye ken thi score
itz ah gonna end in tearz
ye meet up wi thi lads, tell thum thi script
az yir lips hit thi gless an ye tak anither sip
'Look, ehm tellin yiz, ehm goin hame sharp thi night!'
'Wut – did eh hear right?
Dinna geez that shite!'
'Ah right, ehl hae one mair but eh mean it, thatz it!'
Eight pints an twa nips later,
yir up on thi tables actin like a tit!
Thi bouncers show ye thi door
'C'mon, ehl hae thi four o yiz!' ye bravely roar
Thi door staff oblige an kick yir arse
Wee burdies fleh aroond wi thi sparkly starz
'Should you no be phonin yir good lady?'
ane o thi ladz enquires
'Nae danger, ehm in trouble now, thi situationz dire!'
'Ach bugger it, litz go ti a discoteque'
'Ehd be az well, ehm in thi shite now,
right up ti mi neck!'
'Aw right gorgeous, fancy a dance?'
'Fuck off granda, you've nae chance –
nut a hope in hell o gittin in meh pantz'
'Look, ehm no efter a shag,
jist a wee but o boogeein,
thirz nae need ti nag!'
A few mair drinks throwz ye right ower thi edge
ye end up cuddlin a kebab lehin under a hedge

Eventually, ye turn thi key o thi door
face doon on thi couch ye precede ti snore
Later ye shout on Hughie,
an spew on thi floor!
'Wait a minit, iz that voice real or jist a dreem?'
'Eh – twa pints meh erse!
Wahr thi hell've you been?'

Luggies an Punnets

Jostlin in a heavin throng,
trehin ti git on a berry bus
shuvvin, stampin, puhlin hair,
gittin elbowed in thi pus
a priceliss sait on thi lower deck,
twa-hunder up thi stair
fev-hunder on a double decker,
but thi drevvir didna care
on yir weh ti Arbuckles –
Blairgowrie or Kirriemuir
a shoart journey jist up thi road,
thit tane twa bliddy oorz!
'Itz twa-an-half pence a pund'
thi fermer announced at thi field
'Wahrz yir mask, ye robbin bastird?
Thought slavery'd been repealed?'

Behnt double ower thi strazzirz,
now thatz wut ye ca'd hard graft
mind, it gave good trainin though,
fir thi tattie-pickin craft
ye raked thay wee green busheez,
wile kneelin on sharpened stanes
but thi big ripe, juicy rade ainz,
helped ti ease thi aches an pains
now thi rasps, thay wir thi gemme –
a nabblirz dream come true
ye made a fortune at thi berries,
an stull signed on thi broo!
'Thairz yir dreel,' sade thi teuchter,
'mind an pick thi bugger clean'
'Itz hingin like an aald hoorz titz,
aw thi biggest rasps yiv seen!'

Now punnets – or baskitz ti be polite,
thay wir nae guid at ah
fartin aboot, pittin thum in a crate,
an wen kerryin, ye dare na fa
nah, a luggie tehd aroond yir wyst,
an a big black buckit or pale
heaped up like a gamblirz debt –
ye hut thi bogey trail
Now some yazed devious methidz,
ti increase thir hard-earned cash
a dockie hidden in thi buckit,
topped up wi a pish or a slash
aff ti thi wyz ye went –
wahr ye watched thi scales clock up
forty-two pund an mair beer tokens,
fir yir Friday night in thi pub

Nowadayz, wir foreign cousins dae thi joab,
under bonnie wee plastic tentz
thi dinna ken thir bliddy livin,
ah shehltird fae thi pishin ren!
eh, thay missed thi golden era,
wen nabblin wiz at itz height
thir wiz doh ti be made an laughs aplenty
an thi occasional berry fight
mind, thi probbly stull pish in buckitz,
that scamz stull fair gemme
in that rispect, thir jist like us,
an eh suppose weer jist like them
eh, though yir ehrumz wir scratched ti buggeree,
an yir pus wiz barkit an black
dinna tell me fir twa-an-a-half pence,
ye widna go rushin back!

Lost In Space

Men on Mars an beyond
Thatz wut thi voice proclaimed
Billions o pounds spent on hegh-tech junk
In a cosmic ego-fuhlled game

A base on thi moon az well
Eh, a village in outer space
An wut benefitz kin we expect fae this?
NANE! Itz a bliddy disgrace!

Coz space exploration winna fuhl stervin bellies
It winna shelter soulz fae acid rain
Oor planet iz crippled wi hamelissniss an poverhty
 Sick mullionz suffer needliss pain

Coz naebdee geez a shite if thirz Martians
Or extra-terrestrials 'phonin home'
If aliens ir fund in galactic paradise
Laive thum be – lit thum peacefully roam

Wurld leadirz see it diffrintly tho
Sayin 'Earth'll be a better place'
Thir arrogance an ignorance fuel thir selfish dreamz
Wile between thir earz – thirz sumhin lost in space!

Toom Tabard In Thi 21st Century

Hey you thare Mr Bent politishin
Ye waant meh trust – eh ye must be wishin
Behind closed doors ye mak yir decisions
You an yir wankirz on a power hungry mission
Yir shallow memory must've firgot
Thit thi masses pit ye there an thi massiz rightly thought
Yid at least serve wi honesty in mind
But honestay's jist meaninliss ti you an yir kind
Sure ye wehnt in wi thi best o intentions
But ye selt oot quick wen money wiz mentioned
Wee backhandirz ti keep yir pus shut
Thir wiz a time wen ye cared – now ye dinna gie a fuck
Spin doctirz teach ye ti talk thi good talk
But yir policies create hellholes wahr ye widna dare walk
Itz no hard ti see through yir empty sincerihty
Yir ane reflection in thi mirror even questions yir integrihty
Ye sneer at thi hameliss fowk oot on thi street
Wile kissin thi arses o thi dignihtries ye meet
Ye tell thum wut thay waant ti hear
Then itz cheese an wine pehrties an mair tongue up thi rear
Sumtimes wi see ye on thi telly
That parlimentry circus jist turnz meh belly
Remember – like us yoor jist a number Toom Tabard
An we'll decide *your* fate – so be on yir guard!

McGonagall's Disciples

We are thi Dundee lihterahti
Ejicated on thi streetz an a but bren scatty
We observe an write, sumtimes lose thi tattie
Burnin issues pit doon in ink
Stories fae thi past thit mak ye think
Relevant ti baith thi snob an thi mink
An thi wurkin class puntirz thit injoy a wee drink
Wi language az rough az a rhino's erse
Oary Dundonian in poetic verse
Itz oor tongue, oor dialect, itz how we converse
Oor East Coast gibber iz quite unique
Itz got thi rest o Scotland uhtterly seeck –
An jealous thit thay canna speak thi 'Dundee speak'
'Eh geeza plen peh, a bridie an an ingin ane an ah!'
An ither gems like toalie, fleg, cundie, gochul,
Aw thi language iz bra
So weer here ti promote it, no treh an talk polite
This 'Oh yes I ken business' that jist izna right
Wiv ower eight hunder yearz o historical blether
So dinna strangle it, lit it rip
Speak thi Queen's Inglish? – *Nivir*!!

Thi Terracin

OK, itz September 1976
Thi gangs canna wait fir Sehturday
Thatz wen thi git thir kicks
Futba an thi shrine o thi local team
A couple o bevveez an a chance ti lit aff some steam
Stannin on thi terraces wi mates az close az brithirz
Follyin thi same tribe – rispect fir ane anither
Week in, week oot – home an away
Travellin on a Futba Special ti see thir faveritz play
Scuffles on thi weh ti thi grund
Thi familiar click az thi turnstile turnz
Nae segregation inside – thay group thi gither like a lions' pride
Shoutin hoarse, willin on thi side
NO! NO! NO! Thir strikerz through, one-on-one wi thi keeper
BANG! One-nil, thi air turnz blue... Here wi go...
'You're gonna git yir fuckin hades kicked in'
Thi mobz incited, thi clenched fists swing
Bottulz an bricks, whistlin owerhade
Skullz cracked like eggshellz – bloodied crimson rade
Whipped up ti a frenzy, thi boot goes in
Thi wolf-pack mentalihty, thi screamz above thi din
War on thi terraces, nae backin doon
Violence grips thi crowd, thirz mayhem ah aroond
Survehvul o thi fittest, fightin tooth an nail
Strength an sheer aggression, thi jungle lawz prevail
'Come an huv a go wi thi bootboy agg-eh-ro'
A roar fuhlz thi air, thir stull toe-ti-toe
An equalehzin goal, nae time fir celebration
A polis baton charge, a despriht situation
Focus switchiz sharp, ti thi hated boyz in blue
Itz baitz against thi batonz, cellz fir one or two
Ordirz ristored an thi riots run itz course
But roll on nixt Sehturday... an return o thi terrace force!

Arsehole o Rogues in a Nation

Thi maist expensive circus tent
That human bein's kid ivir invent
It cost ower four-hunder-mullion sheckles
A theatre fir clownz ti sit an heckle
A place fir chancers, racketeerz an phoneys,
Political gangstirz an thir hinger-on cronies
Eh mair expensive than thi palace o King Midas
Shairly naebidee kid afford thi huge ransom ti buy this!
Well you an me kid – or so wiv been telt
'Thatz thi price o Devolution, yir soulz ir ah selt'
Eh gold-plated bog-roll ti wipe thir pampered arses
An fine wines ti toast 'Thi Mother of All Farces'
Itz ironic – in thi city wahr that façade standz
Thirz some fowk livin in cardboard boxiz
Wi beggin bowlz in hand
Barely existin in a battle fir survival
Wile pink champagne flowz up thi road fir MSP rivals
Eh Wallace an Bruce'd be turnin in thir graves
Under thi Rampant Lion banner, thay rifused ti be slaves
But thid see a different rampant lyin thi day
Eh, lyin fibbin charlatans on over-inflated pay
An wahz ti be held responsible fir this Holyrood charade?
Shairly sumdeez neck'll taste thi steel o thi executionirz blade?
Dinna bliddee believe it, thirz naebidee ti blame
Thatz wut thi bastirdz say an it'll ayewiz be thi same!
Four-hunder-mullion plus fir a sham ca'd Holyrood
An thi pink champagne stull flowz –
Wile thi Scottish public's screwed!

Eh Swear On Meh Life

Fae thi time eh wiz wee, some fowk've telt me
Dinna say that wurd thit beginz wi a 'b'
Wut, bastird ye mean? O silly me
Well wut aboot that ane thit beginz wi a 'c'
Wut, nae cunt aither? Yiv got ti be kiddin
Eh canna bliddee help it if meh speech iz no fittin!
Well wut aboot thi 'f' wurd – Shairly thatz arite?
Ah fir fuck sake yir jokin – now yir really talkin shite!
Oops, sorry – eh sade shite, now thatz jist no polite
Eh canna help fuckin swearin, eh ken itz no right
Well ehl tell ye, ehm even worse wen ehm on thi pish
Wi a couple o bevveez, ye git a four-letter dish
Thi chuck me oot – ivree wahr eh go
'And don't come back you foul-mouthed so-and-so'
So-n-so – Ehl gie you fuckin so-n-so mate!
Eh huvna even started ye bastird! Now yiv made me irate!
Jist coz eh canna talk like a well-healed intellectual
You deem meh language awful,
An conversationally ineffectual!
Wah ir you ti tell me aboot vocal oration?
Jist accept it – wi ah swear, wirra sweary nation!
 Eh, wi learn thi wurdz wen wir wee
Beh thi time wir twelve – itz dead fuckin eezee!
So, wither itz 'b', 'c', or 'f', eh really dinna care
Ehm fuckin shoutin oot loud!
Treh it yirsel – go on, hae a wee swear!

Fart

Di ye mind thay early dates wi yir lass
Thi romance, thi roses, aw life wiz a blast
Mind tho, at times a blast wizna quite wut ye waanted
But wi a curry fir tea earlier, thi time-bomb hid been planted
Lehin nixt ti yir princess whisperin sweet nuhinz in ir ear
Yir wurdz o flannel an flattery masked a strenthinin fear
Oh no! Please no! Anywahr but here!
Eh, shi wiz totally unaware o yir life or daith plight
Shi kent nuhin o that struggle ti keep yir erse cheeks shut tight
Oh eh, kiss kiss kiss, course eh love ye
But listen – ehl hae ti go fir a pee
So coolly ye depart thi room trehin hard no ti flee
But wen ye git ti thi bog an treh ti force oot thi gas
Thirz nuhin – jist panic – C'mon ye useless arse!
Stull packed fuhl o methane ye re-entir thi room
But thi blue touch paper's been lit, soon yir erse'll go boom!
Ye treh an relax an indulge in some passion
Ye nibble ir ear, start neckin an gie ir tongue a good lashin
But thi sphincter canna hud oot –
FART! – Yir pus goes bright rade
Then a reek fuhlz thi air like sumhin wiz dade
Aw naw, thatz it, shull pack iz up, wir feenished, wir through
That jist didna impress ir – shi looks like shull spew
Well that wiz then but wut aboot now?
Well amazinly shi sticks it oot,
Yir stull thigither, Christ knowz how!
Wi a wee but perseverance, yiv a relationship thatz solidly built
Yir quite confidint ti fart now, an shove ir hade under thi quilt
An occasionally, shull drap ir gutz irsel
An wi a hard neck ye protest at that un-ladylike mingin smell
Eh itz a far creh fae thi sair stomachs o thay early courtin dayz
Now – ye jist lit rip at will – yiv no half cheenjed yir wayz!

Retro Mania

Ken wut ye dinna see nae mair
Buxom weemin wi bee-hev hair
Betamax videos or tram carz
Bumble beez caught in empty jam jarz
Or bairnz gittin six o thi belt
Hanz rade ra an covered in welts
Breakdancers spinnin on lino
Licra disco dancers or – sober winos

Or how aboot thay aald green bussiz
Fowk jumpin aff an scrapin thir pussiz
Sachets o pasteurehzd mulk
Vanz goin aroond sellin bagz o wulks
White doagz shite or rag an bone men
Ootside lavvies – nah, eh dinna mind o them
Three geese flehin up a wa
Bazooka Joe choonee or laces on a ba

Anither rare sight, twa doagz shaggin
Stuck thi gither at thi erse, thir wee tailz waggin
Newspaper bogroll, carbolic soap
Murdirirz hingin fae a gallowz rope
Dundee or United winnin thi league
Diamond Hivvy, coardial, or bottulz o Bezique
Sinclair C-Fevz or platform shoes
Agnews kerry-oot shops or fowk sniffin glue

Ehl tell ye wut else ye dinna see
Chimpanzees at tables drinkin Typhoo tea
An wut ivir happened ti shit-on-a-stick tig
Alan Rough permz or Mrs Slocombe wigz
Dodos, pterodactyls or sabre-tooth tigers

Honest politishinz? Some say thiv aye been liars
Claes horsiz, claes wringirz, ten-bob notes
Y-cardys, Ra-Ra skirts an furry-hooded Snorkel coatz

An finally... ye dinna see black an white TVs
Or fowk in public lavvies giein plooks a good squeeze
Or people takkin empty liminade bottulz back ti thi shops
Bus conductirz, jute wurkirz or physically fit cops
Eh nowadayz technology moves si quick
Life moves ivir festir az computer mice click
An thi say yiv gotta move wi thi times
But poetic retro maniacs stull enjoy... thi retro rhymes

Retro Mania 2

Ken wut ye rarely see,
an eh ken yull vouch fir this
public bogz or public lavvies
wahr itz free ti hae a pish
or skale bairnz wearin wellies
wi rade ringz aroond thir calfs
Radio Rentalz rented tellies
or fowk in aald tin baths
steel combs, DA hair-dos,
lime green Teddy Boy suits
or fowk wi callipirz on thir legz,
hobblin roond aboot
Creamola Foam or Pola Cola
or bairnz playin wi marrayz
mulk floatz an trench coatz
or Bon-Accord liminade larrayz

An wutivir happened ti
Woodbine fagz
or plastic Wullie Low's bagz
or dodgy men in papershops,
trehin ti hide thir scud magz
beer bottulz wi screwtap lidz,
or dames on Tennents tinz
coal miners, moonlightirz
or bin-rakers – rakin in binz
plastic sandalz, Johnny Xers,
target shirtz an Parallels
eh some gearz best firgotten,
an itz mibbee jist az well
an wut aboot Mary, Mungo an Midge,
Andy Pandy or Buhl an Ben
thir wiz Crystal Tips an Alistair,
an Barbapapa way back then

Sweetz?
Ye nivir seen Galaxy Caramels
or King Sehz Mars Bars
nah, ye got rhubarb dipped in sugar,
or a piece on timahta sass
an thairz sumhin else ye dinna see,
aald bike tyres hingin on lampies
or waashin lines in backies,
wi bairnz Terry Towellin nappies
Hillman Imps an Hillman Hunters,
Capris an Ford Cortinas
skale dinner desertz served up
like *prunes* an *semolina*!
an wahrz ah thi paraffin heatirz,
an telephones wi huge receivers
or streakirz like Erica Roe –
flashin aff thir hairy beavirz

Eh, ye dinna see thi Man Fae Atlantis,
or thi Six Mullion Dollar Man
Wonder Wummin, Frank Cannon,
Kojak or Super Gran
an wut aboot McGilly's lines,
pawn shops an Proavee cheques
snake beltz fir huddin up yir breeks,
or Elastoplasts on specs
claes wi orange burn marks,
left too lang in front o thi fire
an that Asian dame on livinroom wahz,
half-naikit – pure desire
tinz o Top Deck, Tudor crisps,
or Meri-mates wi straz
matchin purple vests an Y-fronts...
real trendy fir yir baz
an finally... ye canna ride a Grifter bike,

or git a backie on a Chopper
or go ti Noel Edmond's Swaap Shop,
an swaap yir orange space hopper
an wutivir happened ti Mick McManus,
Franz Klammer an Chicory Tip
futba cairdz wi thi brittle pink choonee,
or settin fires ti skips
eh, ye nivir see anybuddee plunderin aippulz,
or thay dykes wi thi broken gless
an Shake an Vac on laminate flairin?
mibbee wi should pit it ti thi test
eh, wut aboot furry wee Gonks?
wut aboot loads o ither hingz?
thatz thi beauty o retro mania –
thi great memories that it bringz

Retro Mania 3

Ken wut ye dinna see nae mair
goldfish prehziz at carnival fairz
wee blue disabled cars
fae bygone futba matchiz
or fowk playin space invaders
on chape didgie waatchiz
Mint Cracknel, Aztec Bars, Cresta Juice –
itz frothy man!
Weebles, Wombles, Woodentops
or black Mariah cop vanz
or fowk clatterin aboot
wi a dizzen segz in thir shoes
TR7s, Green Shield stamps
or Indian ink tattooz

Nae mair yull see trainz
goin through thi La' Hill tunnel
or boxin booths wi 'pound-a-roond'
ti git yir hade pummelled
an wahrz ah thi stray doagz
thit yoosti roam in packs
Frankie sayz 'RELAX' T-shirts
or Crimplene slacks
or fowk gittin a boot up thi arse
fae thi local polis
thi Shang-a-lang tartan fanz
o thi Bay City Rollers
an wutivir happened ti gezzin,
now itz ah trick or treat
a tenner fir an outfit?
we jist yazed an aald wite sheet

An wut aboot mail order stuff
fae Ronco an K-Tel
an Top o thi Pops LPs,
how did that shite ivir sell?
bairnz playin on kerties
made wi aald pram weelz
Freddie Laker airlines
fir yir chape holiday dealz
comics like thi *Sparky*,
thi *Beezer* an thi *Topper*
cundie rakers, windee pannirz
an darin backie hoppirz
An wutivir happened ti loabeez,
now itz hallz an vestibules
an ye winna see minny cameras now,
stull yaizin aald-fashioned spoolz

An in this final instalment,
ehl tell o hingz lang gone
Like Straabirry Mivvies,
Ice-Tubz an LollyGobbleChocBombz
bairnz lickin batteries
ti gie thir tongues a shock
mitts jined thi gither wi string
or stripey green Slade socks
itchycoos an gittin wedgies,
sticky-wullies or pee-the-bedz
shady characters up on raiftaps,
nickin ah thi lead
well thatz aboot it folks,
thi retro mania trilogy's done
thi memory banks ir set ablaze,
wi a rant o nostalgic fun

Reflection

In this life ehv fought an won
Ehv kent defeat an lost an run
Ehv burned inside wi hurt an pain
An hid in thi shadows o guilt an shame
Ehv kent thi strength o anger an hate
Felt fear an prayed ti cheenj meh fate
Ehv breached thi wahz o meh ane mind
An sought life's answers but stull couldna find

Ehv witnessed great beauty fae a mountain-tap
Wahr truth an peace lay in a natural backdrap
Ehv understood love an thi good in a hert
Ehv cradled a newborn an helped thir life start
Ehv learned ti endure wen thi spirit seemed broken
An smiled in thi moarnin wen a new day hud awoken
Ehv accompanied grief in thi dark depths o sorrow
But thi past iz a memory an tomorrow... iz tomorrow

Skale Wiz Shite

Skale dayz, great dayz –
so thi bliddee sade!
thi best yeerz o yir life –
thatz bullshit ehm afraid
cause eh mind thay winter moarninz
in a semi-blizzard hell
minus ten an wearin shoartirz
waitin fir thi bell
legz rade-ra an weepin
wahr yir wellies rubbed thum sair
wi feet like blocks o ice
ye sat thare freezin in yir chair
an eh dinna mind o laughin
wen some bully kicked yir arse
or gittin a magic circle
or a wedgie on thi grass
an it wizna much fun aither
if ye wurna in thi fashion
thi ca'd ye mink or tinkie
an yir self-esteem wehnt crashin
too bad if ye hud a lisp
or a s-s-s-s stuhttir
thi wolves wid hunt in packs
led beh some psychotic nuhtter
'Geez yir fuckin dennir money!'
thi knuckle-scraper dimandid
refusal mehnt a keekir
az a swift right hook wiz plantid
an lessinz privided melt-doon
fir brenz thit wir aff else wahr
dreamin o playin fir Scotland
or bein a rock or movie star
coz wut thi hell wiz that algebra

an geometry ah aboot?
logarithmz an Pythagoras –
ye jist didna hae a clue
x + y = z...
wut wiz that – some secret code?
ach fuck it, uhl mak a doofir,
waatch thi blackboard bomb ixplode
big mistake, yiv done it now,
'Boy, hold up your hand!'
thrashed wi a strip o leather
beh some cruel, sadistic bam
if ye go back further stull,
thi yoosta git thir ersiz caned
jist fir talkin in class!
thi teecheez musta been deranged
an thi torchir huzna lit up,
thi stull git country dancin yit
wen wull thi authorities' realehz,
skeem fowk dinna like that shit
mind, ye tell yir bairnz positively,
'Stick in an yull be arite'
'Well eh heard yoo sayin diffrint Dad,
yoo telt Mum –
skale wiz shite!'
'Oi! Waatch yir language'

Wannabe

Yoosta be a punter thir a tosser now
struttin aboot thi factray
wi a plastic hegh brow
lookin doon thir nose
giein fowk thi rubbir ear
dinna talk ti common peazants
thatz no good fir thi career

Furst steps on thi leddir
an thir speekin ah polite
but wen thi lived in thi skeemz
ye nivir heard thum treh that shite
oh eh, thull fleece thir colleagues,
thull dinneh thi wir ivir thare
Kir'tin, Dougliss, Mid...
'No I grew up just outside Blair'

PISH! An fine well thi ken it,
thi kid bullshit ah thi waant
eh thir peerz'll scoff it up
but we see through thir lehin rant
an thir idealz seem ti cheenj an ah,
like thir new fund palz ca'd Jones
big hoose, big car, big holidayz –
big debt on mountin loanz

Thir livin in a dreem wurld
thir hades ir up thir arse
thir obsessed beh twat-Utopia
an thi realmz o middle class
it izna class thit mettirz though,
thay should ken – itz wutz inside
but empty hades wi lang tongues
ensure thirz class divide

Sure, thirz nuhin wrang wi self-improvement,
opportunity an progression
wir ah Jock Tamsinz bairnz,
trehin ti mak wir ane impression
but thi minit thit thi shit on fowk
an hink thir sumhin bettir
thi fail ti see, thit fir yoo an me...
thir empty values dinna mettir

Jumped Up Hitlers

Jumped up Hitlers, thi bane o thi wurkin class
On buhldin sites an factray flairz kickin people's arsiz
Mind yir time, waatch yir step, keep yir erse in line
Well wid mibbee lissin mate – if yir back possessed a spine

Jumped up Hitlers, nivir aff yir back
Luv thi feelin o power, luv ti threaten ye wi thi sack
Verbuhl waarninz, written waarninz, geez a fuckin break!
We ir naebuddeez slaves – awa an gie yirselz a shake

Jumped up Hitlers, roond an roond thi go
Trehin ti impress thir managerz, thir impressin naebiddee tho
Some day thull finally realehz, some day thi coin'll drap
Thit actin like a bastird meanz... yir an affy lonely chap!

Raidirz an Mintirz

Az humans wiv been burdened
wi an unwaanted gene
eh thi ane thit sumtimes geez yir face
a bright rade beam
like wen sumdee ye huvna seen fir a wile,
bangz inti ye in thi street
'Aw naw, ye bastird, wutz thir name?'
Eh, yir beginnin ti feel thi heat
coz thay ken yoo dinna ken,
eh thay ken yoov firgot thir name
yir no even lissnin ti thi convirsation,
yiv got log-jam in thi brain
iz it Wullie, Vera, Tam, Sheila? –
nah, mibbee it startz wi a K
ye disengage wi a 'See ye mate!'
eh, that'll hae ti dae

Or wut aboot trehin ti catch a bus,
now that sometimes throwz up a wee minter
itz it thi stop, ye hink yull mak it,
yir runnin quickir an quickir
but jist wen ye hink yiv got it,
thi drevvir hitz thi gas
eh, thi passengirz faces say it ah –
'Look it that shtyoopit arse!'
nivir mind, ye keep on runnin,
like ye wurna even waantin thi bus
but thirz a diffrint picture in scarlet rade –
written ah ower yir pus!

Now tap o thi league fir imbarrassmint,
an ehm speakin purely fir males
itz got ti be thi unwaanted brickir –
fir raidirz, that goes right aff thi scale
coz yir wullie cares no a jot,
withir itz a bizniss meetin or no
an appointmint wi thi nurse or thi dentist's chair –
'Aw shite, itz startin ti grow!'
it izna sex jist muscle flex,
but c'mon, thirz a time an a place
thi wee wifie wurkin awa in thi baker's
dizna waant that pointin in ir face
think butterfleh collectin,
think train-spottin,
think anyhing jist ti distract
but that granite javelin inside yir troozirz
iz giein ye a funny wak!

Or wut aboot trippin on a slab,
or wakkin right inti a poley
or thay broon marks on yir auntie's cream carpet –
yiv jist wakked through an Alsatian's toalie
or thi packed trolley in thi supermarkit queue,
aw thi night yir gonna eat well
no wi nae purse or waalit tho –
yir stranded in raidir hell
mind, ye widna see a monkey git a mintir,
if it fell on itz pus oot a tree
or a horse strut aboot wi a 20-inch brickir –
imbarrassed iz it? Eh yoo tell me!
nah, itz jist us puir wee humans,
wahz faces heat up like thi sun
mind, itz funny wen itz sumdee else caught...
in they uneasy sit-u-a-shunz!

Mick McCluskey's Oary Topia

'Boy! Why is your nose bleeding?'
'Iv jist been haidird'
SMACK!
'You've just been WHAT?'
'Eh... haidird'
SMACK!
'It's headed boy, headed. Learn to speak properly.'
'This iz proper...!'

Cla, cra, cundie, wa
Pehndy, plehty, gaibuhl endie
Huzna, huz, wizna, wuz
Peh, creh, guggiht, dreh
La' Hull, wulna, wull
Poley, toalie, lavvie-holey
Hoor, stoor, sannayz, floor
Feech, driech, pus, keech

'I'm warning you boy!'

Ir ye, kin ye, kijjih, wijjih
Skeh, cribbee, clipe, mibbee
Chuckie, dockie, gadgee, knockie
Rither, brither, ither, mither
Doolie, beastie, cludgee, heelee
Clohrty, manket, bealin, barkit
Backayz, fruntayz, feeleez, yunkayz
Pyookit, drookit, pally-dyookit

'That's it BOY – You're expelled!'

Bra, sna, fleg, cha
Iziht, hiziht, wiziht, diziht

Hade, dade, shite, gade
Lowp, cowp, loabee, dowp
Tully, swally, puhlly, mally
Kent, pehnt, a'hind, a'hent
Irna, coodna, wurna, shoodna
Girnin, hingin, slappin, mingin

'BOY!'...
'Eh huvna feenishd'

Yella nosies, bumblirz, foageez
Huztih, dizna, gochul, izna
Yoosta, yiz, yooz, shiz
Marrayz, larrayz, ersiz, starrayz
Jeckit, caikit, eedeeit, naikit
Wyst, styd, coorse, bide
Clammin, chantay, geenit nahntay
Pussay, peenee, closie, greenee

'Ah, ah, ah... hold it!'

Dachtir, clahtir, choonee, waater
Ehz, lugz, diviht, dubz
Nabblir, spaivir, glaikit, haivir
Pehrty, sweemin, kehrty, steemin
Seevin weekeez, plunkin, seekeez
Chaffay, spugee, scaffay, luggie
Payveez, neeps, dreebuhlz, dreeps
Mintir, raidir, headed... headed???
Nah – HAIDIRD! Now thatz proper...

A Dihzeez Ca'd Dundonese

Like that mythical place ca'd Brigadoon
Thirz a myth goin roond in Dundee toon
Thit wiv somehow cheenjed thi weh wi speak
Well itz gittin some fowk here pussay seeck
Eh, some lihterary nedz fae wir local press
Think thi ken thi gemme, think thit thay ken best
DUNDONESE! Hiv ye ivir heard thi like?
Iv heard o Chinese eh, but no this alien shite!

Now, mibbee thi Broonz an Oor Wullie speak like that
Half Inglish – pigeon Brechin – come – Serbo-Croat
But thare jist cartoonz in a book
Itz obvious some writers dinna lissin or look
Or ken wutz goin on on thi streetz
'Thi wurd on thi pavey' wi thi real fowk ye meet
Eh, yull no hear any Dundonese oot thare
Jist pure Dundonian – itz alehv an itz rare!

Sure, wi mibbee gibber pish wile hammirin thi swally
Speak Taiwanese, Lebanese an dialects fae Bali
Christ, yull mibbee even hear wi speak polite
Well mibbee no! An certainly no this Dundonese shite
Itz time thi perpetrators hung thir sorry hades in shame
Yir dealin wi oor culture – no some cool linguistic game
It wuzna then, it izna now, itz nivir gonna be
Thi language iz Dundonian, an thatz thi weh it'll ayewiz be!

Waasps

All things bright and beautiful
All creatures great and small
All things wise and wonderful
Thi Lord God made them all

Well ye made a right erse o it God,
wen ye gave wi FUCKIN waasps
thare here fir one thing only,
an thatz ti drehv us bliddee daft
how thi hell did thi git on Noahz Ark?
did thi bouncers turn a blind eh?
now look wut wi git ivree summer,
gangs o hooliginz buzzin roond thi skeh

Eh, az soon az yir barbie's fired up,
thi black an yella jerzeez appear
lookin ti share yir chilli burger –
'Wait! Dinna move, thirz ane right it yir ear!'
'*Aw shite*! Iv jist skelpt thi bliddee bairn!'
then ye spray, but miss an spray thi food
cyanide an tandoori chicken dinna go,
yir wife slaps yir pus an skreemz
'Ye big galoot!'

Thingz irna any bettir at thi park,
az ye stroll wi yir femly in thi sun
twa 99 cones, a Screwball an a Slider,
yir spotted, now thi waasps'll hae thir fun
like kamikazeez thi fleh in tight formation,
cravin sugar, thi home in fir thi kill
thir deadly ersiz primed like pyzin dartz,
thi wee bastirdz start stingin ye at will

An that nightmare ti end ah bliddee nightmares –
a waasp in yir car on thi motorway
yir wife trehz ti reassure thi bairnz,
'Dinna wurry, stye calm, it'll fly away'
'FUCK THAT!' Itz ivree man fir thirsel,
ye slam thi anchorz an rip thi handbrake aff
ye tear oot that car like a ravin psycho,
'Stye cam? Yoo must be haein a laugh!'

Ehl tell ye, meh aald grannie hud thi right ehdeea,
nae need fir pest control or *Rentokil*
she drooned an slaughtered thum beh thi bike load –
in jam jarz cunninly waater-fuhld
eh, ah creatures great an small meh arse!
thirz some species only here ti nip yir hade
eh, alang wi thi midgeez,
thi seagullz an thi clegz –
eh wish thi lot wir terminally dade!

Arses Ti Ashes

'Good evening and here is tonight's news –
England have sensationally won thi Ashes
for thi first time in years,
beating Australia in magnificent style!'

Wait a minit! Hold it!
Did eh jist here right?
Thirz chaos wurldwide –
but crickitz hadeline newz thi night
eh, nivir mind thi Belfast riots
or thi fowk in New Orleans
pehtrol bombz an hurricanes
an ither hellish scenes
famine-ravaged Africa –
terror in thi Middle East
wurld economy up shite creek,
but it mettirz nut in thi least
nah, ye burgle inti meh livinroom
withoot an invitation
an tell me thit some jessies ir thi toast
o oor proud nation

'Anyone for cricket?'
Oh FUCKIN la-dee-da!
Naebiddee geez a badgers erse
livin north o Hadrian's Wa
ROONDIRZ!
Thatz wut it iz, itz no sport –
yoor haein us on
Ehd rithir waatch fuckin pehnt dreh,
or grass grow lang on a lawn!
Wi nivir here thi end o it,
like 66, itz got me stumped

Oor only consolation iz –
wen yir team gitz bliddee humped
See yir batz an yir LBWs,
yir bales an yir wickitz an ah –
Ehd skelp thi lot fir six –
back ower that Roman wa!
So nixt time geeza break,
dinna broadcast crickit ti us
Az far az entertainment goes,
it dizna git much bliddee worse
'Ho Mary! wahrz thi remote?
This numptayz drevvin me daft'
Thatz it, yir caught, times up –
oot fir a duck… now git aff!

Ah Seagullz Ir Bastirdz

Stannin back ti admire a sheer wurk o art
yiv jist spent twa oorz hard labour
buffin thi wax aff yir car
now it sitz thare gleamin like a precious stane
'Thatz no jist a but o machinery,
thatz pehrt o thi femly!' ye claim
ye go ti bed that night,
relaxed, happy an content
an reassure yirsel, that toil an effirt,
wiz time well bliddee spent
but jist above thi raif taps
lurk seaburdz far fae thi sea
'Seagullz' ornithologists ca thum –
but BASTIRDZ ti yoo an me!
eh theez feathird scavangirz ir last ti bed,
an up at thi crack o dawn
gorgin on left-ower curryz an kebabz
an anyhing else thi kid lay thir beaks on
an az thay soar majestically efter thir fill
thi pick oot thir targets
in a well rehearsed drill
'Here Tam, thairz some numpty jist polished thir car'
'Litz carpet-bomb thir pride an joy fae afar!'
now theez burdz az a species
really stand alone
fir thi weh thiv evolved
dizna half mak ye groan
coz thir ersiz ir modelled on Dr Who's Tardis
fae thi ootside thi look wee,
but thir capacity's massive
an so – wen ye git up on that bright sunny day
ye discover ti yir horrir
thirz been evil at play

49

yir carz been emulsioned
wi a dose o thi shits
yir clenched fist shakes
skehwurdz in furious fitz
so ehv decided, itz time
fir ah car ownirz ti answer thi call
litz rid thi skehz o theez burdz,
once an fir all
rehz up brithirz an sistirz,
litz swear an oath
ti fuhl wirselz wi laxatives
an march on Arbroath
thare on thi clifftaps wull seek oot thi pests
eh... wull see how thay bastirdz like it...
Wen wi SHITE IN THARE NESTS!!!!

Jimmy Reid's

Afore navvies wurked like navvies,
an buhlt thi La' Hill up
afore Thomas Bouch designed eez bridge,
wile pished in a Dundee pub
wen Betty White wiz stull a bairn,
an ir fruit shops wurna plantid
afore thi intriduction o thi cundee,
afore thi skeem fowk raved an rantid
wen Desperate Dan couldna pick a fuhl luggie,
well afore eez muscles hid grown
afore Dennis thi Menace wiz a menace,
afore thi Hackie or Shipirdz Loan
eh, afore ah them thir wiz Jimmy Reid's,
sellin anyhing, ivreehing an a'hin
in thid flock beh thi coachload,
an canoe doon thi Burnie fae Linla'hin

Queuein fae Samuelz ti thi Seagate,
jist ti grab a wee bargain or twa
like a car-boot sale in a phone box,
thi puntirz stowed thi place wa ti bliddee wa
Showaddywaddy mirrirz an flooree nylon sheetz,
puhly cases an Elvis Presley clocks
sna shakerz, Snoopy waatchiz, tea-strainirz –
an replica Mary Slessor frocks
mind, it musta been aboot 72,
wen sum o Jimmy's stock went fir a song
thi cheese-cloth-jute-lined-Terry-towellin trunks,
an eez wurld faimiss clingfuhlm thongz
quiltz, hobnail baitz an Black Waatch kiltz –
an hade-squares fir sweet aald grannayz
an thi fragrances 'Midnight at thi Dichty' –
'Oxtir Ming' an 'Essence o' thi Swaanayz'

Shop tull ye drap at Reid's Shangri-La,
tea-cosies fehv fir a quid
bric-a-brac an brac-a-bric dockies –
thingys, doofirz an hoojee-ka-pivz
wahr else in thi toon supplehz such choice?
certainly no yir la-dee-da designer skwaad
thay couldna sell keech ti a gairdnir –
wah cares fir thir 'must-hae' fadz
fae boonsee baz ti fake chocolate tea potz,
shoartbrade an langbrade an ah
thi complete Daphne Broon range o lingerie,
an Alvin Stardust phoataze hingin on thi wah
plehty polish, Wulliam Wahlliss T-shirtz,
an manualz on how ti play thi wahshie
puncture repair outfitz fir Penny-farthin bikes,
an toupeez in thi style o Shirley Bassey

Ower thi yearz Jimmy's selt thi bliddee lot –
an litz hope, thi story kerries on
az pure Dundee az thi peh ee iz –
a real legendary retail icon
thi opposition canna fathom it oot –
thi jist huvna got a Daniel Doo
David keepz beltin Goliath's pus,
eez stull tradin wile thare ah on thi broo
So git yir erse doon ti thi Seagate –
an see thi legend thitz JR
thirz no anybuddee even comes close –
nut thirz jist naebiddee - on a level par
fae kail potz ti ornamental claes pegz,
in fact eez thare fir ah yir worldly needz
dinna spend yir sheckles in thi Hegh Street –
gie yir bizniss ti thi shop crehd... Jimmy Reid's!

Wut Ye See Iz Wut Ye Git

Wut ye see iz wut ye git
Nae hidden agendas or flooree bullshit
Wi a face thit eh kid call meh ane
No a two-faced lehir oot fir profit or gain
Ehm no a man thit'll quietly hide
Wen ehm at fault ehl swally meh pride
Eh, ehl tak it on thi chin wen ehm ti blame
An wen eh mak an erse o it, ehl laugh withoot shame

An wut ye hear iz wut ye git
Thi sharpened bren feedz thi sharpened wit
Nae double standirdz – straight up front
Winna bleat wi sheep – winna join a witch-hunt
Ehm meh ane man an ehl tell thi truth
Dinna lissin ti rumours – ask thi horsiz mooth
Coz wut ye gitz right in front o ye ti see
Mind tho... ehl nivir be abideez cup ih tea

Jiwanti Step Ootside

Wen Linla'hin Boab took on –
thi formidable Wee Rab fae Mid
thi Pitkerra title wiz up fir grabz,
an a pot o sivinteen quid
but instid o thi usual square-go,
an alternative challenge wiz agreed
a test o human endurance, ra power,
sharp thinkin an speed
eh, baith men hud trained like Spartanz,
wi Boab mibbee edgin it on looks
fir although thir boadeez wir evenly toned,
Rabz pus wiz a sight wi thon plooks
twa iyle pehntinz thi certainly wirna,
mair like twa rugged landscapes
complimintz o scrappin in thi boozirz,
an coontliss ither knocks an scrapes

That Sunday thi Hillocks wiz empty,
an likewehz, thi famous Cutty Sark
az half o Mid an half o Linla'hin,
stood shoutin in Finla'hin Park
like gladiatorz, baith men waited,
ti begin that epic journey
furst test – stripped ti thi wyst,
daein press-ups in thi jaggeez at thi Burnie
'Nae bahthir' eh hear yiz say,
but hink o thir relative's grief
witnissin thi agony an thi horrir,
an banned fae giein oot doakin leafs!
then up ti thi baker's in Fintry –
sprintin, thi wir baith neck-an-neck
'Fehv Paris Bunz ti scoff in a minit –
wi nae waater!' Boabz pus hut thi deck

Rabz supportirz turned up thi volume,
thi Mid man wiz puhllin oot in front
through moothfuhlz o cake Boab shouted,
'Come back ye chaitin wee cun...
...tinuein on wi thi battle-royale,
thir hardest task yit lay ahead
a pint in ivree pub on thi Hulltoon –
ti date, it hud nivir been trehd
well no wearin gang jumpirz anyweh,
an thatz exactly wut thi did
thi managed az far az thi Bowbrig Bar –
wah thi hell wur thi trehin ti kid?
half-pished, Boab shouted in thi lounge,
that thi Hula boyz ruled Dundee
eez pus wiz rapped sivirul times,
beh sum Huns wah didna quite agree!

Well ah hell lit loose in thi street,
az supportirz got ladled in
thi Mid, thi Huns an thi Hula,
an one boy fae thi Kinghone Skins
nixt discipline hud ti be cancelled tho,
fir Rab wiz huckled in thi jail
fortunately sumdee kent thi sergeant,
an thi bold boy wiz lit oot on bail
wi nae rest fir thi wabbit,
thi baith hammered on through thi night
mind, Boab hud a neareez on thi Conshie,
wen ee slipped in a Dobermanz shite
Rab – he come a croppir on thi La',
wile luggin a dockie ti thi tap
ee follyed through half weh up –
efter trehin ti force a wee fart!
nixt moarnin, some supportirz plunked wurk –
an ither fowk missed thir berrybus

Some puntirz wir clearly half-blootird –
wile ither fowk jist acted thi pus
tho knackird, naebiddee wanted ti miss,
thi ootcome o this faimiss wee tussle
shattird, baith men crahld ti thi feenish,
strainin on ivree single muscle
'Phoatay feenish!' thi referee oardird,
then 'a dra' ee calmly declared
thi masses jist gasped in astonishmint,
ye coulda run a chib through thi air!
then wut follyed nixt wiz inevitable,
az fowk skelped each ither in thi pus
Rab an Boab? Thay headed fir thi boozir –
an battled... an insatiable thurst!

Witfeeld Hoosin Skreem

Boarn in thi Sweengin 60s –
Dundeez premier hoosin skeem
But beh 1972, thi papers telt o shattird dreemz
Thi great ehdeea gone sour,
How thi fuck did it ah go wrang?
A concrete jungle nightmare –
Hur Majesty's Prison Skarne
Accomodate then isolate,
Laive thi ratz ti run thi sewers
See thi anti-community flourish,
See thi graveyairdz rottin floorz
Carberry, Ormiston, Dunbar,
An ah thi ither cell blocks
Thi Corporation clueliss ti thi con – SHAFTID!
Empty hoosiz double giro drops

Mass humanity packed in multis,
Human shite on thi landin flairz
Broken lift on a pitch-black night –
Kiss thi switchblade on thi stairz
See thi gang graffiti scrawled
Across thi bonnie wite-waashed wahz
Local literary prophetz claimin –
'Young Shams Rule Ya Bass!'
Dare yoo wak thir tribal turf?
Like ti test yir bottul oot?
Thull kick yir fuckin hade in,
Turn yir piercin skreemz ti mute
Dinna wurry tho or annilehz –
Itz jist wahr on a sma'ir scale
Governmentz dae it wi gunz an bombz,
But yull no see thay bastirdz in jail

How di Angie an Sharon see it,
Through thi ehz o thi single mum?
Wull thi politicians empty promises,
Offer hope ti thir daughters an thir sons?
Dinna hink so, but life goes on,
Fir wut else iz thir ti dae?
Itz jist survehvul in itz basic form,
On thi bradeline livin day ti day
Wut then fir thi fowk o Witfeeld,
Az thi Cooncil re-generate
Wull thi future stull hud thi stigma?
Wull thi skeem stull deteriorate?
Nah! Thirz enough fowk here ti mak a stand,
Wi thi power ti inspire an create
But it needz thi backin an support –
Fir histrayz proved…
Tickin timebombz dinna wait!
'Boom!'

Wen Santa Went Gezzin At Eastir

Ho Ho Ho! Itz thi season to be jolly
Or iz it? Sumhin izna right,
Meh brenz went melancoly
Santa spotted on eez sledge,
An nut a drap o sna
Puir wee elves in Lapland,
Bein driven up thi bliddee wa
An why? Itz only FUCKIN SIPTEMBIR!
Thi shops ir takkin thi pish!
Wiv jist left summer a'hind,
An bairnz ir writin oot Xmas lists!
Selection boxiz an mince pehz,
Shelves stacked fuhl o Xmas cheer
Jist a pity it'll ah be foostee,
Well afore thi big dayz here

Rockin aroond thi Xmas tree –
An itz only thi middle o October
Eh, second flair o thi Wellgate Centre,
ihm eh pished? Nah, stane caald sober
Wut a cheek slaggin fowk in thi skeemz,
Fir pittin up thir treez too soon
Wiv no even hud Halloween yit,
Wi thi witchiz skitin roond on thir broomz
An thatz anither burnin issue,
Wutz thi script wi this trick-or-treat?
Litz bin that American PISH,
Bring back thi gezzin in wir streetz!
Pumpkinz? Ehl gie ye bliddee pumpkinz!
Thir messin wi traditions thit run deep
Thirz only one weh ti mak a lantern,
An thatz ti mak it wi a gade Scots neep!
Right, thatz that aff mi chisst, now wahr wuz ih?

59

Oh eh, Jingle Bellz, Jingle Bellz –
Eh, Jingle Bellz MEH ERSE!
Santa dizna ken if eez comin or goin,
Thi whole ih Yuletide's now a farce
Mind, itz ah wurth it iz it,
Even tho thi plastic's took a daith
Fir that magic feelin on Xmas moarnin,
An thi look on yir wee ainz face
Efter 15 gemmes o *Twister*,
Ye sit doon ti scoff yir meal
Then Liz's pus comes on thi box,
Ti delivir ir festive spiel
But wut follayz nixt drehvz ye mehntul,
Advertz fir thi Boxin Day sales!
A'hin yiv bohtz now half-price,
Eh, yir festive cheerz jist went stale

Ach, thatz it fir anither year tho,
Well untul Siptembir anyweh
January thi 2nd, yir waandrin roond Asda –
Thank Christ, nae mair mince pehz
Az yir trolley roondz thi nixt coarnir tho,
A sight thit beggirz belief
Yir ja hitz thi deck wi a thud,
An oot fleh yir tap faalse teeth
EASTIR FUCKIN EGGZ GALORE!
An bunnies hoppin ah ower thi shop!
Wutz nixt? Thi Dundee Fortnight in March?
Itz hegh time this nonsense wiz stopped
Litz git sum order restored,
An gie wir seasons thir place
An halt thay money-makkin banditz,
Fae rammin it prematurely in wir face!

Oary Tull Eh Deh

Ehm oary tull eh deh
Proud ti spout thi lingo fae thi city o thi peh
A streetwehz poet fae thi skeemz
Educatin an promotin, tellin fowk wut it meanz
Ti come fae thi places thit weer fae
Keep alehv thi language wi yaze ivree day
Wurdz fae thi playgrund, rymz fae thi cundee
Thi sound o thi streetz – pure brode Dundee

Dinna lecture thi bairnz, tell thum itz nae gade
Oor tungz too precious ti end up broon brade
All you teachers of English – beware!
All yoo would-be polite fowk, ken wut? We dinna care!
Hear Dek thi pehntir an Alex thi scaffay
Thairz Maggie an Helen haein a blethir in thir baffies
Itz pourin oot thi boozirz thi factrayz an ah
Fae thi chippirz in thi skeemz ti thi tap o thi La

Comin it ye dead fest like a skelp in thi pus
Thirz nae dialect finer, thirz naebiddee like us
Thiv trehd ti pit wi doon, trehd ti trample an suppress
Trehd ti git wi talkin nice like thay fowk in Inverness
Nut a hope in hell, nut nae wye!
Eh wiz boarn an bred in that city on thi Tye
So ehm marchin wi thi massiz wi mi hade held hegh
Itz pure an simple poetry
Ehm oary tull eh deh!

Dundeez Gift Ti Thi Ferry

Took a wak thi ither day,
Doon Broughty Ferry way
That hegh-fallootin suburb
Wahr thi posh fowk stay
Wahr thi only mink yull find
Iz in fur coat
Wahr naebideez aloud ti fart or cough
A gochul oot thir throat
Thiv got drainz instid o cundeez,
thi say 'yes' instid o 'eh'!
Thiv nivir been ti thi berries
Or hud a bean an tattie peh
Eh, thir affy proud ti be so residential
But a'hin izna wut it seemz,
Thi signz ir evidential

Fuck me! Eh aboot choked on mi Visocchi's cone
Az eh strolled alang thi beach
Thir wuzna a spare square inch o sand,
Ye kid safely pit yir feet
A minefield o meanie padz –
Eh, an sanitary toolz az well
Ah yaized an lookin bluddee great,
Brought in on thi tidal swell
Thir wiz condomz an surgical gloves,
An a clohrty colostomy bag
Nearbeh, a doag drapped a steamin shite,
Wile thi owner smoked eez fag
Blue flag status meh arse!
Sumdeez nicked it ti wipe thir dowp
Shairlay this canna be Broughty Ferry?
It looked mair like thi fuckin Cowp!

62

Ehl tell ye, meh hert goes oot ti thay bathers,
Takkin pehrt in thi New Yearz Day Dook
Ye kid jist imagine thi picture –
Itz enough ti mak sum fowk puke!
Thairz aald Wullie sweemin awa,
Itz dead caald so ee gasps fir air
Wen a big floatin turd appearz on thi scene,
Eh, headin fir yoo no wair
Aald Wullie near huz a cardiac,
Az thi keech landz right in eez gub
Devvirz hae ti rescue thi pare man,
An gie eez fahlsirz a bliddee gade scrub!
Thi emergency services ir wurkin fleht oot,
Az mair fowk add ti thi tally
Some needed thir stomach's pumpin oot –
Pare sowilz hid opened wide... then swallyed

So untul thi beachcombers come back,
Thull be nae toolz or sunloungers laid oot
An thi donkayz uhv ah buggird aff an ah,
Industrial action nae doot
An wah in thir right mindz gonna sweem,
In thi rancid 'Marina Del Ming'?
Broughty Ferry 'El Costa Del Keech'!
Wi a coastline resemblin a bin
Eh, itz ah fine actin ah posh,
An swaanin aboot hingkin yir Erchie
Wen visitirz tak one look at that beach,
Thatz it, thir off – arrivederci
Nae wonder thi tourists ir fleein,
An flockin ti Dundee an Fife
Mind, one wee reason it could be...
Jist upstream sitz oor...
SHITIE PIPE!!!!
Enjoy!

Thi Pooree

Near az aald az Fintry itsel
Thi finest skeem boozir wi thi wild clientele
Fuhl o broozirz,
Brick-shit-hoosiz
An fowk jist plehn steamin
Ye hink thatz ruff?
Check thi lounge oot an thi fine She-Sham weemin
Itz a Fintry instituition much like thi 32 bus
Itz like Jake Doig an Wallace's chippir
An Dode Devlinz berry bus
Thi aald Blue Lagoon,
Thi Fintry Hap an thi VG
Danny Hannan an thi soul puntirz
an thi Fintry Clubbee

Eh, thir wiz a time wen
Thi come fae ah aroond
Dundeez numbir 1 boozir
Wi thi best bandz in toon
Queuein it thi door
Jist ti see Firivir Amber
Couples yaizin thi fieldeez
Fir an amiriss wee waandir
Pints o Diamond Hivvee
An Tennintz flowin fehst
Fae thi 60s ti thi 90s –
A cut above thi rest
Then it ah went tits up
An thi bar cheenjed itz name
Jim Fyffe ca'd it Fyffie's,
But it wizna thi same

It jist didna hae
That same magic feel
Some sade it wiz keech
An hud lost itz appeal
Some even bailed oot
An went doon ti thi Dolphin
Thir mates couldna believe it,
Thi wir spluttirin an coughin
Mind, thir wiz one shinin light
Through thay dark an trehin times
Thi futba team – sheer class!
An thi crazy fowk on thi line
'WELCOME TO HELL'
Thi banner proclaimed,
Thi opposition shat thir drahrz
Especially wen thi mad skwaad
Come stottin oot thi bar

Twa Thoozin an Six tho
An thir dancin in thi streetz
Dek Dunbar's got Starz in Eez Peepirz
An once again life's sweet
Then thi door burstz open –
'HO, JIH KEN WAH EH AM?'
Itz aald Davie Doadz on thi rampage –
Fintry's aaldist Sham
Eh, thirz fleh men an weemin,
Comedians an characters galore
Thi perfect place fir gittin pished
An heerz ti minny more
Eh, thanx ti Jim Mehrtin,
Thi proud naimz restored
Itz thi Pooree, allwiz wull be –
Pehrt o Fintry skeem folklore

Thi Rade An Thi Black

Hear thi marchin baitz o thi Fintry Shams
Skeem warriors rezzin fae thi back street clanz
Fintryside, Finmore, Fincraig an Findchapel
Finlow, Fingarth, Findhorn an Findcastle
Fintry boyz one and all
Shamrock youth stannin proud, stannin tall
St Andrews sherry ti git thum ah merry
Made ti measure gear aff thir doh fae thi berries
Tonic suits, shoart cropped hair an Union bootz
Lookin sharp az fuck wi thi skinhade look
On tour ti thi Station Hotel
Farfar, Tealin, Cupar – Corn Exchange az well
Follyin Danny an Thi Soul Sensation
Then thi locuhlz kicked aff an thi blood went racin
'C'mon – Shams Rule Ya Bass!'
Fleein fists an baitz, fightin ti thi last

Then thi uniformz cheenjed, gang jumpirz appeared
Thi rade an black army – respected an feared
Scrappin wi thi Mid, fightin wi thi Fleet
Battlin wi thi Toddy an thi Huns in thi Street
An stull relevant in 1981
A Generation x kerryin on wut hud begun
Swaggirin doon that same tribal path
Diffrint faces, same attitudes wearin colourz rade an black
An wutz thi score in double-O Fehv
Thi spraypehnt dizna leh – YSR – itz stull alehv
Jist a product o life fir urban teenz
An that place thit thay call hame…
Thi Fintry hoosin skeem!

Thi Night Shift

Thi rade-ra bloodshot peepirz say it ah
An thi pus looks like itz been toarn on a harlin wa
Yir yawnin like a hippo,
An cowpin aff yir sait
It izna right ti work at night an end up in this state
3-ih-clock in thi moarnin
haein peh chips an beanz
Ye should be in yir kip
Haein sweet an pleasant dreamz
An cuddlin a BIG WAARUM ERSE...
No takkin shite
fae a hadeliss chicken gaffir in distress
Totalz? Dinna wurry...
Dadelines? Geeza brake!
Yir lucky ehm stull stannin,
Eh kid barely stye awake
Ah yir laangin firz that 7.15 bell
An end ti zombie torture
An this waakin dade hell
Eventually ye swallow dehv
Right inti slumber bliss
Bit twinty minitz later
Yir waken, burstin fir a pish!
Ach, buggir gittin up,
Ehl jist roll ower on mi side
That shoold geez at least anither oor,
An stem thi urine tide
Wi a bladder like a space-hopper tho,
Ye finally admit difeat
Doon stairz ye go wi a pishy bricker,
Stull trehin ti stye asleep
Ye assume thi forty-fehv degreez position,
Then lit it go... bra

Bit end up pishin ah ower thi flair
An half weh up thi wa
Half an oor, yir stull goin strong,
Itz gushin like a hose
Yir wife shoutz ben, 'How langz it tak?'
Ye politely rihpleh, 'CHRIST KNOWS!'
Back up stairz ye trip an stumble,
Then ye rest yir weary ehz
Twa minitz later, thi backayz erupt,
Az aald Geordie trimz eez hedge!
Strimmirz, lawnmowers,
Barkin doagz an skreemin bairnz an ah
Keep calm an coont ti ten –
Or thi gaskitz gonna blah
RING RING... 'Good day sir, my name's Cheryl
Can I interest you in some double-glazing?'
'Cheryl – TAKE A FUCKIN HIKE!'
Beh now, thi tempirz ragin
Efter stairin at thi wid-chip raif
fir thi rest o thi efternane
Ye roll oot o bed like a bag o shite,
Wi a look thit sayz 'insane'
Ye cha yir bairns hades aff,
Throw yir tea back at yir wife
Aw, roll on half past nine thi night...
Thi nightshift iz thi life!

Groucho's

Az ledgendary in Dundee az thi shop crehd Jimmy Reid's
Groucho's 1976 – conceived beh Ron an Breeks
Tapes an recordz bought an selt,
Fae Aladdinz vinyl abode
Fir some, thi start o an era,
Weekly pilgrimz up Perth Road
Eh, once thi wurd went roond,
Thi wid come fae near and far
Fae Mull-ih-Mainz ti thi Witfeeld Plainz,
West Kir'tin ti thi Lea Rig Bar
Thi wir sweemin ower fae Stornoway,
An pogoin in fae Peru
Fowk eager ti sell thir aald LPs,
An mak a wee bob or two

Thir wiz 'Anarchy in thi UK',
Az Johnny Rotten skreemd punk rock
Mind, Petunia iyle an incense sticks,
Meant thi shop fehlt mair 'Woodstock'!
Fir a Hendrix man like Breeks tho,
Thi windz o cheenj soon came
Rebellious youths wir on thi march,
Thi sound o thi streetz untamed
Sivvin inch gems like Orgasm Addict,
Wir wut thi puntirz sought
An Wahr'uv Ah Thi Bootboyz Gone?
Sheer class fae Slaughter And Thi Dogz
Bright coloured vinylz an picture discs –
Bootlegz an rarities galore
Thi wir queuein right up ti thi Blackie,
Beggin Breeks ti lit thum through that door

Merchindezz? Naebiddee could compete,
Jist ask that Vivienne Westwood dame
She widna be anywahr thi day,
If shi hudna copied thi Groucho's brand name
Bondage troozirz, safety peenz an Jilted John wigs,
An toarn tartan romper suits fir kidz
An thon famous Brodie tartan bum flaps,
Handy fir hidin ah thi skidz
Thir wiz T-shirtz claimin 'Anarchy In Beechie',
'Pretty Glaikit – An We Dinna Care'
An that badge machine churnin oot one-offs,
Thi puntirz kep skreemin oot fir mair
But hold it thare fir just one meenit,
It wuzna ah jist punk back then
Some fowk stull liked Jethro Tull,
How thi hell… ehl nivir ivir ken!

Keech hut thi fan in 83 tho,
evicted an flung oot in thi street
Jist fir sellin Sheena Easton LPs,
Thi kent thi rules, thi future looked bleak
Ah thi stock went doon thi Perth Road,
In a clapped oot Fitchy's mulk float
Scourin thi toon thi fund new premises – In thi Overgate?
Thi wir actin thi bliddee goat!
Eh right nixt ti thi Angus Hotel,
A shop nae mair than 3-fut-square
Expected ti hud ower 20 mullyin recordz,
Nae wonder Breeks wiz puhlin oot eez hair
Ee made it tho, a 'modern miracle',
An thingz got even bettir fir oor Breeks
Ralphy Milne chipped Kelly up at Denz –
United hud went an wun thi league
Bizniss wiz boomin at Marx Brither G's,

An likewehz at Merchindezz Outlet
Aptly named 'Breeks' beh… Breeks uhv course,
Caterin fir Dundeez proletariat
Caterin fir New Romantics, gadgies an Goths,
Skinhades punks an Michael Marra fanz
Principles an Chelsea Girl didna hae a look in,
Thay wir stull sellin keech worn beh yir gran!
An thi rock wurld didna miss a trick,
Caird Hahl sell ootz didna really mettir
Ti be pictured in Groucho's on *Rollin Stone*'s front cover,
Fir superstarz it didna git much bettir
Ricky Ross, Dougie Mehrtin, Danny Wilson –
Skeetz Boliver, St Andrew an eez Woolen Mill
Thi rich an famous kep appearin –
Thi sheckulz kep batterin through thi till

Eh, life wiz sweet az a jam piece,
But fate played a cruel hand once mair
Like a 4-beh-2 wahllupt ower thi nappir –
Ejected, thi wir left on Wa Wa's stair
Wi mair moves than a serial moonlighter,
Thi finally fund a hame in thi Nethergate
3-hundir acres o wide open space,
Thi fuhld thi shop crate beh bliddee crate
Mind, one band nivir made thi shelfs,
Nivir huv done – an problay nivir wull
Thi Bay Shitty Rollers amnisty box iz packed,
In fact – itz absolutely fuhl!
An at sometime yiv problay been served,
Beh thi semi-famous Rogers Sistirz Gang
Each wiz sentenced ti Groucho's hard labour,
Puir lassies hud nivir done nae wrang
An behind ivree good man,
Thirz an even bettir wummin,
An thi dinna come much bettir than oor Stella

Wah else'd pit up wi that mass o vinyl clutter,
Piled in ir loabee, kitchen, loft an cellar
B-sides, deleted recordz, anyhing at ah,
Thi Bonzo Dog Doo Da Bandz thurd hit?
Dinna stand glaikit scratchin at yir coupon,
Go ti thi coontir, ask Frank – he'll answer it

Eh, ower thi yearz, thiv hud thir fair share,
O customirz slightly aff thir hades
Itz ah been carefuhlly documented tho,
In thi famous 'Book o Thi Brain Dade'
Fowk askin fir tickitz ti see Elvis Presley,
An ithirz trehin ti sell stuff thitz knocked
'Honest mister, jist geez twa quid,
Itz an unwaantid gift mi Auntie Edith bought!'
'EH RIGHT!'
But seriously tho, yir az Dundee az Oor Wullie,
Thi La, thi forkie-taily an thi Artic Bar
Chalmers an Joy, Rockpile, Cathy McCabe's?
Competition? Wahr? Eh ask ye wahr?
Thuv ah tripped an fell beh thi way side,
Thirz only one stull tradin oot thare
So heerz Cheerz ti Groucho's Breeks an staff
Happy 30th – an heerz ti therty mair!

Oor Wullie

Eez Oor Wullie, yoor Wullie, abdeez Wullie
Eh that'll be bliddee right,
Ee belangz Dundee
Eez nivir been a West Coast boy,
Itz plehn fir ah ti see
Thuv trehd ti nick oor favourite son
An claim uhm az thir ane
Auchenshoogle? Wut a load o shite!
Fae Noarayz Pend ee came
Ee yoosta run wi thi Hulltoon Huns, in 1944
Fat Boab, Wee Eck an Soapy Soutar –
Green an black thi wore
Thon divvit fights wi thi Gaswurks Gang
Wir it thi back o thi Proagee Hahl
How do eh ken? Well ehl tell ye –
Meh Old Man wiz eez pal

See thon buckit thit ee sat on,
That come fae thi berries at Blair
That very same buckit wahr Primrose sat
An began eez luv affair
Eh, nabblin up thi dreel meh fut,
Ee wiz spottid beh Wee Eck
Playin gemmes o 'touchy-feelee',
An plantin love-bites on ir neck
Mind, Basher Briggs fancied hur an ah,
He styed up near thi Hulltoon Clock
Ee challenged Wullie ti fight ane day,
Roond thi back o thi waashie block
Abdee thought Wullie'd shite eez dungareez,
But thi wee man rapped eez pus
Ee lamped uhm wi thi old Freddie Tennant 'one-two',
Cheered on beh thi rest o us

Ee yoosta drink in thi Temperance Bar,
Pints o saspirilla strait
PC Murdoch'd hae ti drag uhm hame pished,
Wahr eez erse met eez Old Manz bate
An eez Mither, she wiz a behltir,
She kid scrap wi thi best o thum
Shi yoosta dae thi door o thi Windmill,
Jist ti boost ir weekly income
Mind, shi wuz right scared o somehin,
Ah it took wiz one wee squeak
Wullie's wee moose Jeemie hud ir terriffehd,
Quite literally – shitin ir breeks!
Well ae day a'hin cheenjed fir Wullie,
An neighbourz proposed a wee toast
Dudley D Wahtkinz fae DC Tamsinz,
Signed uhm up fir thi *Sunday Post*

Now at furst, a'hin went jist bra,
Bit hingz soon got oot o hand
Thi drapped eez Hulltoon accent,
Gave uhm somehin wi couldna understand
Wurdz like 'whit' an 'fitba' an shite like that,
'jingz', 'crivvinz' an 'help ma boab'
Naebiddee in Dundee speaks like that!
Thatz pure pish, ti thi native oary throat
Thi selt Wullie right doon thi Tye,
Promised riches nivir materialezzed
Ee ended up back at Dode Devlinz berries,
Az eez stories went pure commercialezzed
Eh, thirz minny claim uhm az thairz,
Thir telt tho –'Dinna be si silly'
'Eez no anybuddeez or abiddeez – eez Dundeez!
Thi wee lad crehd Oor Wullie!'
'Eh, an soze thi Broonz!'

Thi La' Hill

Yiv witnessed thi birth o meh hame toon Dundee
Yiv seen ir prosper – an expand fae thi sea
Come tell me La' Hill o ir characters an sights
Yiv musta seen it ah, fae yir towerin heights
Wut wiz it like wen Edwardz army marched in?
Plunderin wir toon an murderin wir kin
Ye musta seen Wallace wi thi chib in eez hand
Gub thi Constable's son an tak thi patriot stand

Yiv seen thi Aald Steeple buhlt up brick-beh-brick
A safe haven fir wurshippirz scared o Aald Nick
Mind it wizna that safe wen General Monck's mob arrehvd
Thi pillage an thi slaughter left scant few alehv
Yiv musta asked yirsel often, 'Why di men hae ti fight?'
Az ye waatched Dundeez sons, march or sail oot ih sight
Thir blood soaked in thi soil, in landz far fae heer
Eh, yood see, an stull see, thir puir mithirz grievin tearz

Ye widda seen mind, thi growth o thi Industrial Revolution
An then again, mibbee no, wi ah thi smog an pollution
Thi massiz swaarmin in, through thi factrayz an thi millz
Thi jute, jam an journalism an ah thi shipbuhldirz skillz
Whalers like thi Baleena, buhlt right heer in oor docks
Thi Discovery an Terra Nova, buhlt ti tak arctic knocks
Eh, thay tall masts ye saw venture oot on thi Tay
Kerried Shackleton an Scott, on thir Antarctic way

Ye musta seen through strained ehz on that caald December night
Thi shattered steel o thi rail bridge, an thi passengerz desperate fight
Skreemz in thi night, lost firivir in thi Tay
Puir sowelz now silenced a'low a Silvery grave
Yiv seen angels like Slessor, help them maist in need
An great men like Carmichael an James Caird dae good deedz
Thi ledgendary Dick McTaggart an William McGonagall tae
Eh, some sade ye wir keech, but wahr ih thay fowk thi day?

Yiv seen failure an success at thi local futba grundz
An thi skeemz ah aroond, wahr thi gang wahrz begun
Eh, fae toon ti city, an thi minny cheenjin faces
Yiv seen demolition, re-generation –
but stull, thirz familiar places like Balgay Hill an thi Howff,
An thi Wishart Arch – thay'll aye be thare
An Jimmy Reid's in thi Seagate, sellin ah eez wurldly wares
Eh, each time on yir summit, that proud feelinz aye thi same
Itz great lookin doon on that place – we call hame!

Thi Tatties

Az caald az an eskimoze erse sittin in an igloo
October moarninz ah happed up,
Yir lugz wir turnin blue
Millin aboot at Grampian Gairdinz,
Waitin fir Dode Devlinz tattie bus
Nae fearz o a wild stampede tho,
Or gittin flehtind in a crazy rush
Nah, this wizna thi doddle o thi berries,
Pickin bonnie wee straabz an rasps
Blazin hot sunshine, bottulz o Pola Cola,
An gittin pestered fae thay FUCKIN waasps!
Aw naw, ah ye seen wiz hardind faces –
Men an weemin – real tough fowk
Sittin frostbitten on a bus like a fridge –
On thir weh ti dae thi tattie howk

On arrehvul abdee shat a brick tho,
Wen thi seen thi boy stannin thare
A big teuchter – six fut seevin,
Green wellies an cooz shite in eez hair
'Shairlay heez no pacin oot wir but!'
Too right ee wuz, smilin az ee went
Wi a stride like Bob Beeminz lang jump,
Aff ee marched, happy an content
Then thi familiar chug o thi tractor,
An yir hert sunk an missed a wee beat
Thi sneaky bastird hud a double digger on,
Some fowk wir trehin no ti greet
Mind, ane or twa actually couldna wait,
'Eh nae baathir – weel dae a double but'
Thay wir fae some o thi rougher skeem streetz,
An clearly – aff thir bliddee nut!

Bent ower crookit an graftin like a navvie,
Ye fuhld a baskit then ye fuhld anither
Ye couldna see thi earth fir thi tatties,
Nae time ti dilly-dally, pussay or dither
Ye went hammir an tongz then relaxed,
At last ye got yirsel a meenitz rest
NAE DANGER! Aroond came thi digger,
churnin up thay tatties twice az fehst
Eh, desperate times called fir desperate measures,
Yid even trehd stampin thum under fut
Buggir it! Sumdee plantid A GREAT BIG DOCKIE,
quiet cheerz – thi fermirz tractirz
FUCKED!
But thi celebrationz didna last lang,
yir pus wiz soon right back in thi dirt
Fir even tho it wiz caalder than Baltic,
fowk wir stull wringin oot thir sweaty shirtz

An at thi end o that fearsome shift,
ye got 8 quid plantid in yir pa
Mind, ye stull signed on thi Broo –
like ye did wi thi berries an ah
That night, ye wir beddit fir seevin,
crashed oot an sleepin like a log
Nixt moarnin, ye thought yid been fuhld in,
ye couldna even wak ti thi bog!
Ye didna ken wut thi hell wiz sairist,
yir puir back, erse, legz or hade
Ye hud ti git KERRIED on thi bus,
then dumped back on thi field ye wir left fir dade
Thankfuhly, machines now dae thi howkin,
but thirz ane perk yull ayewiz remember
Ye wir eatin mashed tatties, chips an frihtirz fir tea,
ivree night right through –
tull mid-November

Skeem Hoitee-Toiteez

Thir wiz a time wen Dundee fowk,
Kent thir place in thi peckin oardir
Thi posh fowk hud thir mansions,
Thi skeem fowk kent thir boardirz
Then thi cat set amongst thi dooz –
Maggie Thatcher hud ir weh
'All you common skeem fowk listen –
I'm giving you thi chance to beh!'
An beh wi certainly did –
A chance ti own oor ane wee hoose?
Thi property market went boom,
Thi massiz wir on thi loose
'Ach geez thi fuhl gas central heatin,
Geez thi double glazin an ah'
Porch in thi front, conservatory oot thi back,
An a bran new harlin wa

Eh, thi skeem fowk fund new pride,
In thir coonsul hoosin estates
Wee palaces sprung up in Fintry,
St Mary's an Douglas – thi wir great!
Balgowan Avenue – thi new Shomz-d-Leesay,
Wellintin Tower – a pehnthoose select
Canary Wharf couldna match thi Skarne,
Even tho thi whole place wiz wrecked
Buttirz Loan – a wee jewel in Fleetville,
An much sought efter – Happyhillock Road
Balunie, Lundie Avenue, St Fillanz,
Sheer quality wurkin class abode
'This iz thi fuckin gemme!
Wah woulda ivir thought?'
'Skeem fowk swaanin aboot at Bar-B-Qs,
In thi backayz o thi hoosiz thit thid bought'

But some fowk lost thi bliddee plot,
An ithirz went right aff thi railz
Some even started speakin polite,
An pittin thir bairnz ti public skailz!
'Oh yes, I've jist moved hoose.
Eh, thi west end o Broughty Ferry!'
'HORSE'S SHITE! Yir nearer thi fuckin moon!
Hawick Drehvz naewahr near thi Ferry!'
Ballumbie? Kingennie-by thi-Fisheries?
Once again, thi same aald theme
Four wahz an a raif ower yir nappir,
Jist a branch o thi Witfeeld hoosin skeem
Braeview Academy – o iz it?
Baldragon – wah come up wi that?
Kir'tin an Witfeeld Hegh skailz –
Renamed beh some bureau-twat

Valgreen Court – yull ayewiz be Mid,
An thi latest ane – Millburn Park
Thatz Trottick ti them thit ken bettir,
An thi Village? In Ardlir? Wutz thi crack?
But thirz ane place baitz thi bliddee lot,
Wahr minny a dweller layz claim
Downfield – officially jist a hamlet,
Yit near 50 thoozind call it hame!
Eh, thi 21st century developmint continues,
But thi hoosiz cost far too much
Dick Turpin huzna got a look in,
'TWA HUNDIR THOOZIND?
Fir a FUCKIN RABBIT HUTCH?'
Eh, Maggie Thatcher gave wi an inch,
But some took a hoitee-toitee mile
Ken wut tho? Thi skeemz uhl ayewiz be thi skeemz.
Itz wahr thi hert beatz, wi laugh, greet
An... SMILE!

Fuck Bein A Sheep!

Ehm gled ehm no a sheep,
Wut a life thay must hae
Same routine, eatin, sleepin,
Draapin toalayz ivree single day
Mind, thatz if thi git past infancy,
An irna roondid up
Lamb kebabz aye go doon well,
Wen thi pish-hades laive thi pubz
An thi bonnie wee cute ainz left a'hind,
Dinna really ken wutz comin
Thir tap o thi menu fir eagles an hawks,
An foxes – sleh an cunnin
Initially, fir thi lucky ainz anyweh,
Springtime in thi meadowz rare
Prancin an gambolin an sucklin on nipples,
Withoot – thi slightist but care

Six months doon thi line tho,
Thir no that cute any mair
Wi a pus like a half-burst rugby ba,
Life jist dizna seem fair
'Here, Lizzie, wut aboot that bliddee fermir?
Huv ye seen thi state o mi jeckit?'
'Eh, mine's exactly thi same Ina,
Itz covered in pehnt – eez bliddee wrecked it!'
Thir troubles ir only startin tho,
Az thir dooked throo thi clohrty sheep-dip
Nixt, thir tane ti thi hairdressirz –
Then held in a vice-like grip
'Eh only waantid a but aff thi tap,
Christ, thi boyz went daft wi thi shearz!'
An that caald, damp night in thi field,
Thir wiz hardind Cheviots in tearz

81

Nipped in thi erse fae a Collie doag,
Thi whole flock's then tane ti thi hillz
Set free in thi pishin ren,
Then expectid ti fend fir thirselz
An danger lurks roond ivree coarnir,
But itz no in precipitous draps
Nah, worse than that – itz sheepshaggirz,
Wearin anoraks an furry-bobbled caps
'Here Ina, ehl gie ye a tip.
Waatch oot fir thay ainz wearin wellies
Thay bastirdz promise ye thi Earth.
Thir lower than a rattlesnake's belly!'
Mind, az sheep yid hink –
Oh, thi freedom o thi hillz,
Thi solitude an tranquil viewz
But thir mates folly thum aroond like sheep,
Nae peace fir a quiet wee snooze

Well jist wen thi hink life's bra,
An thir finally settlin doon in thi hillz
Thir roondid up fae that bliddee Collie, eh –
thuv been fattind up fir thi kill
'Ehl tell ye wut Lizzie, eh mean it.
That doagz gittin right on meh titz!
Ehd like ti git thi bastird jist once,
An stick mi hoof right in eez bitz!'
'Yooz thought yiz wir goin ti thi meadow eh?'
Sneerz thi fermirz menacin mutt
'Thatz it, squeeze up on that larry,
An keep yir fleecy pussiz shut!'
Aff thir drivvin ti thi abattoir,
Awa fir a hellish lang sleep
Eh, nixt time ye 'Aaaww' at thay bonnie wee lambz –
Think twice...
Eh, FUCK BEIN A SHEEP!

A Gub Fuhl O Fuhlinz

Eh mind wen penny dainties
Wir thi sehz o rade hoose bricks
Eh mind wen Kojak Lollies
Wid last a thoozind licks
Wagon Weelz wir massive,
Aboot thi sehz o a satellite dish
Times uhv no half cheenjed tho,
Now itz pure confectionary *pish*
Ye got Crème Eggz back then
Thi sehz o chocolate rugby baz
'Thi huvna shrunk thi say –
Itz jist yiv now got bigger paz'
Eh, dinna geez yir shite,
Eh remember bliddee fine!
Oh eh remember sweetie hivvin,
Bak in sweetie shop time
Hi Mrs… kin eh hae a quaartir o…
Midget Gems, Grannie Sookirz,
Monkey Nutz an Cola Cubes
Straabirry Bon Bonz, Pear Draps,
Pineapple Chunks an Joob Joobz
Mint Imperialz, Sherbit Dips,
Quenchy Cups an Cherry Lips
Hubba Bubba, Highland Toffee,
Soor Ploomz an Liquorice Sticks
Golden Cups an Sweetie Fagz,
Penny Chewz an Kelly Bagz
Puff Candy, Fruit Saladz,
Victory Veez an Black Jacks
Fizz Bombz an Nutty Barz,
White Mice an Texan Barz
Ruffulz, Truffulz, Mulk Dainties,
Space Dust an Macaroon Barz

Nut Clustirz, Jelly Totz,
Floral Gumz an Juicy Lips
Mintola, Parma Violets,
Aniseed Baz an wee Pink Shrimps
An wut aboot Aromatics, Spangles,
Lucky Tatties – thay wir bra!
Jelly Beanz, Treetz an Spearmint Chewz
An thatz no NEAR thum ah
Eh, bak then it wizna jist a wrapper,
Fuhl o bliddee air
Ye got yir two bobz wurth –
Eh, thi definitly geed ye mair
Mind, wi kep wir dentists bizzee, drillin,
Soartin oot wir mooths
Happy az fuk an a gub fuhl o fuhlinz –
Complimintz o a right sweet tooth!

Andy Broon (No Thi Ane Fae Thi Shams!)

Thir wiz a Dundee worthie crehd Andy Broon
Yoosta collect empty bottulz roond Dundee toon
Liminade bottulz, beer bottulz, any bottulz at ah
Withir it wiz blazin sun, pishin ren or sna
Eh, oot in ah withirz wi eez sack on eez back
Up an doon thi stairwellz giein doors a chap
'Any aald bottulz please, kind ladies?' ee wid say
Once ee hud eez audience, eez charm come inti play
'Don't laugh at me coz I'm a fool'
Az Norman Wisdom's double, ee made thi wifies drool
Croonin fae thi coorteez, thi lissind on thi plehtayz
Aald Izzy, Wilma, Edna, Effie, Mina, Jean an Betty
Eh, meh Old Man minds it well, eez aald grannie lookin
doon
'Aw, Andy's singin jist fir me!' shid lob uhm half-a-croon
'FUCKIN HELL GRAN! HALF-A-CROON?'
Mind, thatz no wut ee really sade
Fir that, ee woulda got a skelp in thi pus
An a clip roond thi back o thi hade
Formin a disorderly queue, thi wid hand thir bottulz in
'Thank you lady, yir a gentleman!'
Eed ripleh wi a cheeky grin
Then aff ee went on eez waandirz, luggin that hellish sack
Ehl tell ye, Charles Atlas widda struggled,
But oor Andy hud thi knack
Eh, thruppence back on a bottul,
An ah thay thruppinssiz mounted up
Mind, Dundeez re-cyclin entrepreneur
Ensured thi bottulz got back ti thi pubz
Eh, fir a whole generation thit remembir uhm,
Ee wiz a legend in oor toon
A puir aald sowel or a wealthy man?
Wut a character – Andy Broon!

Shimmy Rule!

'Shimmy, Shimmy, Shimmy rule!'
Sixties modz lookin sharp an cool
Ben Shermans, loafirz an mohair suits
Polished chrome Vespas an Lambrettas goin aboot
JW, Jimmy Mac, Big Eck an Jimmy C
Three hundir ithirz like thum on thi streetz o Dundee
A collective fae across thi skeemz
Thi majority o thum follyin thi black an wite then tangerine
Tanked up in Thi Pillars, Thi Shake an Thi Bread
Marchin up thi Hulltoon, stannin in thi Shed
Shoutin fae thi terraces fir Jerry an thi boyz
Chantz o 'United' – wut a fuckin noise
Gillespie goes mazy, eez pit thum 2 – nil up
Thi opposition's riled now, thir lookin fir a ruck
Headin fir thi Shed, ih thi aff thir fuckin hades?
Thi Shimmy set aboot thum ah an laive thum half dade
Fae Tamla an Modern ti thi sound o skinhade ska
Thi Shimmy ruled thi terraces, thi fought an bate thum ah
Fights on Sehturday nights, sparrin wi thi Kir'tin Huns
Thi beginninz o Dundeez gang wars, ah seen az youthful fun
An thir legacy kerries on, on Sehturday efternainz
Harkin back ti thi bootboy dayz, now sung beh younger ainz
Near 40 yearz uhv past, fir some – thi hertstringz pull
Wen a thoozind voices belt it oot – 'Shimmy, Shimmy rule!'

Thi Oaryist Wifie In Thi Toon

Shiz Dundeez finest – eh, Laura Broon
Thi oaryist wifie in ah thi toon
Shi tellz it straight dizna talk nae pish
Wi a language hardir than a Glezgae kiss
A tribal tongue right coorse an ra
Delivered wi thi force o a kick in thi baz
An yull nivir hear ir speakin polite – aw naw
Shi jist dizna believe in that pan-loafy shite
Be thay Lord, Lady or Hur Majesty Thi Queen
Shi winna cheenj fir naebdee,
Itz thi weh shiz ayewiz been
Fae a hard upbringin in thi Kir'tin skeem
It wiz doag-eat-doag, it wiz sink or bliddee sweem
Eh common az muck an proud az fuck
If ye gie ir any lip ye bettir hide or duck
Coz shull belt ye right in thi pus…
Shi dizna tolerate snobz wah hink thir bettir than us
Wi thir plastic values an material wealth
Impressin Mr Naebidee – ah thir foolin iz thir self
Sheez lived a life thay couldna ivir imagine
Sheez lived a life thatz real wile thay wir only waatchin
An yit – shiz az cheery az hell
Shid gie ir last penny, pitz fowk afore irsel
Sheez thi *real* voice o Dundee,
eh thi present an thi past
Thi spinnirz, weavirz, howkirz, nabblirz,
Thi voice o thi wurkin class
Eh, shi speaks thi tongue si bonnie –
Thi oaryist wifie in ah thi toon
So hearz ti them wahz like ir –
raise yir gless fir Laura Broon!

Half-Malled Ootside Birrell's Shoe Shop!

Thi rade LED's lit up on eez new
Jimmy Reid's didgie waatch
17.45 it displayed, bettir shoot thi cra,
Ehv a bus ti catch
Right oot thi Dolphin an onti a packed 32
Anither night on thi ran-dan
wi thi Friday night crew
'Robert Redford, you huvna got a look in son,
Coz eh am lookin thi gemme
Velvet blazer, Ben Sherman shirt,
22 inch flares wi a four inch hem
A but nippit on thi bollocks tho,
Mind thi burdz'll be impressed
An one wiff o thi old Hai Karate –
Christ, itz gonna be a shagfest!'

Kick aff at Thi Toon Hoose,
Thi Gless Bucket, then Thi Chrome Rail
Gie Thi Gauger a miss tho,
Ehm no lookin fir nae males!
Anither couple in Thi Bush
Then ower ti Thi Hong Kong
'Wuddiya mean uhm no gittin in?
Ach yir foodz shite anyweh!
Stick yir chow mein wahr it belongz!'
'Oh, thatz a bonnie lookin meat cleaver,
Itz time eh wizna here
Thi Hansom Cab'll dae nicely,
Fir anither roond o beerz!'
'Right wahz up fir Tiffany's
An a trawl o thi danceflair?
Thirz bound ti be some dames
Totally gaggin fir it thare!'

Stottin alang thi Nethergate,
Trehin ti dae thi sober wak
No easy wi 3 inch platformz –
One slip an yir ankle's cracked
Right, best behaviour fir thi bouncers,
Nae baathir – thatz wi in
Les Gray an Mud fa oot thi speakirz
Wi a blast o 'Thi Cat Crept In'
'Right, ehl see you jessies later,
Ehm aff ti puhl a burd
Itz absolutely hoachin in here!
Ti fail wid be absurd
Lang blond hair, mini skirt, perfect legz –
She'll definitely do fir me
Nuhin ventured, nuhin gained,
Wull shi fa fir it? Wull see'

'Barman! Cinzano Bianco fir thi lady.
Now, wut wiz it ye sade ye did?
A go-go dancer at Mr Beaujangle's?
Right up close ti hur eh slid'
'Cheerz, oh, I think itz mibbee best ye leave.
Heerz mi ex with some of eez friendz'
'A dizzen men fae thi Beechie Mob?
Yir right, ehl be seein ye then!
Wut aboot mi new jeckit in thi cloakroom –
Bugger it, this heerz life or daith
Tear doon thi stairz an ower thi road,
Strugglin ti git a braith
BASTIRD! Shtyoopit fuckin platform shoes!
Ootside Birrell's windee lehin sprawled on thi deck
Half-mallied fae thi men o Beechie –
Then kehrtid aff ti a DRI bed
Wut a night!'

Chronicled Youth

Ehm gonna tell ye thi memrayz o meh youth
Nae storytellin bullshit, nae lehz – jist thi truth
Laive thi fiction fir thi dreamirz, an them thit wid impress
Thir penz ir fuhl o fables, thir knowledge iz a guess
See, life in thi skeemz iz wahr ye see it ah
Thi real life, thi pain an strife, thi writin on thi wa
But oot o adversity, hard lessinz soon ir learned
Respect izna given free – respect must be earned

Witfeeldz wahr it started, in a multi-storey block
Ehz wir prehzd wi crowbarz – wut a fuckin shock
Stair landinz reeked o pish, mixed in wi human shite
Graffiti daubed across thi wahz completed thi homely sight
Thi lift wiz nivir wurkin, thi drehin green fair gemme
Low-life gadgies nicked yir waashin, mither stood an cursed them
Friday night's a riot – thi Old Manz come in pished
Old Lady lobbed an ashtray – jist az well it missed!

Xmas tho wiz magic, me an Sis hud a ball
'Fuck thi debt' sade Mum an Dad, 'Wir gonna huv it all!'
Wendy Hoose, Action Men, soajeez, dollz an bikes
Santa's grotto in a multi, ah thi stuff kidz like
Then came thi New Year pehrties, thi hoose wiz bliddee packed
OVD an Babycham, Pale Ale an Export stacked
Thi livinroom wiz jumpin, thi kitchen much thi same
'Eh canna git ti sleep, git these pish-hades oot meh hame!'

Slade an Suzi Quatro tho, nivir heard meh feeble cries
Thi record player shook thi wahz, thi volume grew in size
'Right, sumdee fir a sang!' 'Ehl gie ye Ten Guitars'
'Ten yearz soundz bliddee bettir, locked up a'hind cell barz!'
Tarzeez Island, carefree dayz an a front sait at Drumgeith
Bricks an bottulz, sticks an baitz an gang men loozin teeth

Thi Mid boyz on thi rampage – thir opponents stood thir grund
Arguments wid rage fir dayz on wah thi hell hud won

Then thi femly upped an left, fir Fintry's sprawlin skeem
A semi like a shite-hoose, Ma sayz 'Itz such a dream!'
New mates an new beginninz, an time ti hae some fun
Catchin beez in jam jarz, playin futba in thi sun
Climbin treez fir burdz eggz an gemmes o 'kick thi can'
Wak thi plank or jine thi crew, some fought wile ithirz ran
Rope sweengz ower thi Burnie, pickin berries at Kirriemuir
Nickin tatties fae thi fieldz an sellin thum roond thi doors

Youth culture's finest era – thi punks wir on thi march
Community centre discos, hair spiked up wi starch
Thi dade flee an thi pogo, clear thi mod boyz oot
White Riot fuelled thi mayhem, wi thi dance o thi 10-hole boot
Ska boyz stompin roond, Crombie'd up wi shoart cropped hair
Thi acrobatz o Northern Soul, prancin ah ower thi flair
Springers, bondage breeks an pleatirz, Sta-press, mohair jumpirz
Gittin a neckie aff yir lass, wet dreamz on how ti hump ir!

Getherin on street coarnirz, mob rule outside thi shops
Merrydoon fir a kerry-oot, chased fae thi fuckin cops!
Lighter fuel an Evo-stik, some boyz oot thir brenz
Life inside a glue-bag, playin hallucination gemmes
Government skeemz an broken dreamz, thi Tories turned thir backs
Real joabz wir non-existent – Maggie Thatcher saw ti that
Fond memories tho an happy dayz, in wurdz spat fae meh mooth
Jist an episode in meh lifetime – a chronicle o meh youth!

Thirz Nuhin Worse

Thirz nuhin worse than missin a sneeze
Thi smell o cooz dung or Parmesan cheese
Or pittin yir fing-ir through thi shitie roll
Haein nae money an bein on thi dole

Thirz nuhin worse than wen yir team gitz humped
Gittin packed up or yir pus gittin thumped
Mulk thitz soor or bedz thit squeak
Gittin pyed aff or pishin yir breeks

Thirz nuhin worse than gittin nabbed haein a wank
Or yir taze gittin flehtind fae a runaway tank
Actin pan-loafy an trehin ti speak polite
Gittin stung fae a waasp or stannin in shite

Thirz nuhin worse than follyin through
Or yir wife fa'in asleep wen yir haein a good screw
Thi sound o thi alarm on a Monday moarnin
Or gittin chucked oot o Fat Sam's fae thi doormen

Thirz nuhin worse than a car that winna start
Mince withoot inginz or a waatery fart
A hangover, piles, or a snottery beak
Haein too many Aftershocks an cleanin up thi seeck

Thirz nuhin worse than lissnin ti sumdee haverin pish
Or a chipper thitz run oot o mock chop or singul fish
A puncture on yir bike or choonee in yir hair
Or gittin absolutely rat-arsed an fa'in doon thi stair

Thirz nuhin worse than wen thi ba gitz burst
Or 66 an ah that guff an Geoffrey-Fuckin-Hurst!
Last oardirz at thi bar or dreelz thit dinna hing
Thi feelin o a vindaloo fleein through yir ring

Thirz nuhin worse than missin Jimmy Reid's sale
Thi reek o catz pish or swallyin gobstoppirz hale
Drappin keyz doon cundeez or skweebz goin aff ah night
Or pedlin doon thi Hulltoon an yir brakes fail on yir bike

Thirz nuhin worse!

Thi Tartan Army

'Wuv waaked a mullion miles, fir ane o yir goalz'
Kilted warriors young and old
A 21st Century marchin clan
Kerryin on thi proud traditions o thay bygone fanz
An withoot doubt – thi best fanz in thi wurld
In thi four coarnirz o thi Earth,
Thi Saltire's been unfurled
Albanach fut soldiers,
Scotlandz patriot sons
Litz tak a trip doon memory lane ti wen thi fun begun

Thi Glezgae platoon hud it easy,
Spare a thought fir thi rest o us
Travellin miles ti Hampden,
Withoot a bog on thi bliddee bus
In thi company o professional drinkirz,
'Son, yull jist hae ti hud it in!'
Absolutely burstin fir a pish,
Ye hud ti dae it in a Pale Ale tin!
Pretty soon thi bus wiz sailin,
Spult drink an pish an seeck
Thir wiz boyz lehin half unconscious,
An ither ainz strugglin ti speak
Kerried aff thi bus then kerried in,
Ti a shop sellin kerry-ootz
Ower a hunder thoozin convergin on Hampden –
Ivree ane staggerin aboot!

Git yir hatz, scarfs an badges,
Bannirz an Macaroon barz
Macaroon? Wut wiz that ah aboot?
No efter swallyin 13 jarz
Ticketliss fanz pyin bribes at thi gates,

Ithirz gittin sneakee-inz
Thir musta been twa-hunder-thoozin in thare,
Hampden Park-a-la-sardine-tin
Fuhl bladder? Nae danger o escape,
An makkin it up thay steps
Eh, many puir boyz felt thi heat,
O sumdee pishin doon thi back o thir legz
An ehv often wondered aboot thay ithirz, eh,
Thi ainz that wir burstin fir a shite
Thi musta jist did it in thir drahrz,
An chiselled thum aff at night!

Hear thi Hampden Roar wen Jordan scored,
An sent thi Czechs bouncin oot
An wen Dalglish nutmegged Clemence –
Thi terraces erupted an abdee fell aboot...
LAUGHIN!
But itz Wembley an thir hallowed grund,
Wahr thi Army aye marched en mass
London wiz thairz fir thi day,
Trafalgar hud a Saltire flehin fae itz mast
Waatchin thi legends o 1967,
Hump thi wurld champions 3–2
Then ten yearz later, in Jubilee year,
Wembley saw a pehrty thi biggest ivir threw
Eh, big Goardin McQueen an that man Dalglish,
Delivered wut thi Tartan Army waanted
Thi pitch got invaded, thi bar got broke,
An 'Jimmy Hillz a poof' wiz wut thi chanted!

'Oh yabba – dabba – do, we support thi boyz in blue'
But itz nivir, ivir been easy
Thirz times wen thi drehv ye mentul,
An ither times jist plehn crazy
Weev endured wahr nae ither nationz endured,

Costa Rica, Iran an Peru
An thatz jist thi tip o thi ice-berg,
Thirz been times wen thi airz turned blue!
Itz life tho, itz thi celtic warrior soul,
Wi widna hae it any ither weh
Through thick an thin, thi clanz march on,
Wull folly thum tull wi deh
Wi bannirz raised a'hind pipes an drumz,
Wull stull wak thay mullion miles
Coz itz ah aboot thi banter, bevvy an thi laughs –
An travellin thi wurld wi a SMILE!

Thirz Nuhin Bettir…

Than wakin up in thi moarnin an haein a gade cla
Or openin yir curtinz ti see shitloadz o sna
A cone fae Visocchi's on a bra sunny day
Rollin yir bile't egg at Easter doon thi Lang'ha brae
Thirz nuhin bettir than goin oot an gittin steamin
Or bein in a tent wen itz absolutely teemin
Traffic waardenz goin on strike or a tin o Irn-Bru
Kickin seagulz up thi erse
or yir Mithirz home-made stew

Thirz nuhin bettir – than haein a lang leh
A dizzen pints afore thi match, a Bovril an a peh
An early night wi yir wife an no a hade-ick in sight
Bahlin at thi TV tellin fowk thir fuhl ih shite!
Thirz nuhin bettir than thi view fae thi tap o thi La
Thi smell o fresh Creosote or a gade blether wi Campbell Sha
Readin thi *Tully* on thi shitie or gittin a tax rebate
Fa'in oot ih Déjà Vu's,
then doon ti Corfu Kebabz in thi Seagate

Thirz nuhin bettir than meetin aald palz
Or haein a gade rake amongst thi Denz Road Market stahlz
Xmas Eve or Hogmany or jumpin oot a plane
Spendin thi Dundee Fortnight on a nudist beach in Spain
Thirz nuhin bettir than bein wined an dined
Or pogoin aboot yir livinroom ti Sham 69
Liftin at thi bookeez or gittin breakfast in yir bed
Stull az happy wi yir wife
Az thi day yiz baith wir wed… aw!

Thirz nuhin bettir than haein a smile on yir pus
Or rammin a custard peh in a politician's mush
Puhssyin aboot or kerryin on or actin half daft
Devvin aff thi tap chairy doon at thi Dundee Baths
But best o ah, thirz nuhin bettir than spendin time wi yirselz
Sharin thi language o oor streetz an ah thi stories thit thi tell
Itz aboot thi banter, bevvy an thi crack, an reminiscin wi wir ane
Fir me thirz nuhin bettir,
coz at hert – wir ah thi same!

Jules Rules

September 06, thatz wen it ah began
Eh pit mi name up fir Dundee
An joined thi MySpace clan
Eh, Dundee Street Poet –
Pit thi rymz up on thi site
Telt thi fowk ti 'Keep It Oary',
Wile spoutin oot thi shite
Furst pal eh got wiz Tom,
Wah thi fuckin hell iz he?
Eh trehd ti delete eez pus,
But ee jist stared back at me
Eh didna ken he wiz 'THI MAN',
Ee wiz thare ti help wi oot
Wi a chair glued ti eez erse,
An a smile thit reeked o 'cute'
Eez aye there 24/7, 365 –
Leap yearz an ah
Eez got thi maist palz in thi wurld,
Fae thi Pope ti Santy Clahz
Well fir me it wiz Davie Muir,
Wah spread thi wurd aroond
Soon shoutz o 'Oary Tull Eh Deh',
Went rattlin through thi toon
Netwurked wi thi Dundee bandz,
An thi common fowk az well
Fae PSV ti thi Hanney crew,
An thi DJs raizin hell
Thi View boyz – thare on fire,
Pittin Drehburra on thi map
An Thi Law – thare up thare tae,
Eh – headin right fir thi tap
Thi famous KRIME MDMA,
Wi thir urban spraypent art

99

Scotty an thi Blinshall boyz –
Dundonian superstarz
She-Sham Gill, ane o Fintry's finest,
Frankie Duffy an thi Gorgeous Lin
Luva Anna an thi Audio Fever,
Hedgy an thi On File skins
An bow you drunken rabble,
Wen waakin on Stoabie turf
Yir in thi Princess Royal's hood,
Wahr thi say shiz sweet but tough
Wi a wit like an open razor,
Shiz got thi Freedom o Albert Street
Eh yull see ir maist Sehturday efternanes,
Behin Prada oot o Jimmy Reid's
One wee wurd o waarnin tho,
MySpace kid really tak a hud
Ye kid end up a cyber-junkie,
Or become a computer fud
Ach, uhl jist hae fev quick meenitz,
FEV OORZ later an yir erse iz goin numb!
Palz requests, comments an messages,
Ye stick it oot – read ivree single one
Thirz dishiz piled up in thi kitchen,
Thi hoose iz manky an thi tea's no made
An even tho yir burstin fir a shite,
A new message comes afore a turtle's hade
Ach itz bra tho, ah this modern technology –
'Jules Rules' o that thir iz nae doubt
Itz MehSpace, YourSpace itz OorSpace,
On thi march, proud an oary – Dundee
fowk!

Dundeez Dark Day

Thursday January thi 11th,
In thi year twa thoozind an sivin
Dundeez skehz wir black az night,
Az ren tore fae thi Hivvinz
Thi massiz sat an waited,
But no minny wid anticipate
Thi puppet parade wah took that stage,
Wir aboot ti seal oor fate
Thi empty sincerity o Bill Nuti,
Wut a leader – wut a man!
Spoke ti thi wurkirz via video link,
It wiz nuhin but a bliddee sham
Thi Yanks called it global-ehzzation,
Eh right! Call it wut ye wull
Exploitin thi poorest populations,
Itz aboot dollarz an greedy pockitz fuhld

'Six-hundir-an-fifty!' jist like that,
Even tho thi sade it widna happen
Wir ane management jist sat thare guilty,
Fibbirz, lehirz, respect wiz duly lackin
One wurd sade it ah – SHAFTID!
Dundee wiz brought doon ti itz kneez
Feelinz o anger fuhld thi factray,
Maist poignant tho – wiz Ann Thomson's tearz
Eh, ower 60 yearz Dundee fowk've served –
Pit NCR on thi wurld map
Devastated now wi sheer betrayal –
Six-hundir-an-fifty faces slapped!
An politicians, cooncillirz? Save yir braith.
Joabz ir few in oor once proud toon
Yir promises'll bla aff in thi wind,
Wen thi ragin flames uhv ah ded doon

Battered, bruised – eh wi took thir hitz,
But thi Dundee fowk jist got up again
Wi went ti thi Trades an got blootered –
'Why?' Thatz sumhin they'll nivir, ivir ken!
Ehm *so* proud ti say eh wiz thare that day,
Witnessed palz sharin anger, hugz an tearz
Above ah that tho, thir wiz laughter...
Jist honest wurkin class thit eh hud dear
Wut then fir thi bairns an thi future?
Minimum wage, slave labour or dole queues?
Thi government bettir soart it oot soon,
Coz this country's sinkin doon thi tubes!
Final wurd goes ti brother Alex Marshall –
'We'll march oot o here wi wir hades held hegh'
Fir ye mibbee ripped oor herts right oot –
But wir spiritz uhl NIVIR, IVIR DEH!

PS... An wen wi do march oot Mr NCR
Mind an collect yir knives fae wir backs!

Findcastle Place

Wutivir happened ti thi aald Hugminnayz?
'Itz jist no thi same!'
Thatz wut ye hear fowk say
Ken wut? Thir problay right,
Wi git pished ivree ither week
So beh thi time itz Hugminnay,
Abdeez jist plehn puhssy seeck
Tak me back ti 74, eh 19 Findcastle Place
Nobby an Betty Clark's –
Thatz thi times thit eh mind maist
Inti a heavin pehrty,
Wi a room fuhl ih thick fag smoke
Christ, yid smoked aboot 20 Regal,
Afore yid even tane aff yir coat!

Ye wir geen a blackcurrant coardial,
Ye thought ye wir on thi pish
Diggin inti cheese an pickles,
Laid oot in a Tupperware dish
A wee slice o Dundee cake,
An a meat paste piece an ah
An a pus fuhl o homemade shoartie,
Man that stuff wiz bra
Voices bein raised in thi kitchen,
Thi canna git thi beer ti flow
A keg o Indian Pale Ale,
Thir gonna end up comin ti blows
Pomagne, QC, an Babycham,
Thir wiz ah kinds o pish bein drunk
Six case o Younger's Hivvee,
Nae dootz it wid ah git sunk

Coontin doon ti thi bellz,
12-ih-clock an thi place eruptz
Thirz hugz an tearz an handshakes,
Thi door chaps wi thi yearz furst fut
Eez tahl an dark an handsome,
Betty Clark near fentz wi joy
Uncle Alex's went AWOL fae thi army,
A mither grabz ir cherished boy
'Fuck spendin New Year doon south!'
Ee shoutz az ee cracks a beer
Then launches in wi a sang,
An thi pehrty clap an cheer
'Hey there man, wi thi big stick in yir hand,
Won't you play a simple melodee?'
'Just to remind me o thi girl eh left behind me,
Won't you play a simple melodee?'

Alex McCormack's on thi accordion,
Wi eez fingirz goin like fuck
Aald Eck Bertie spuhlz anither drink,
Nobby grabz uhm an oot thi buggirz chucked
Nae room ti sweeng a bliddee cat,
But Strip Thi Willow rages on
Then 'Spin Thi Bottle' fir thi singirz,
An sumdee murdirz Elton John
'Candle In Thi Wind' meh arse!
Soundz mair like 'Pishin In Thi Sink!'
'Aw sit doon an shut yir pus!
Bettir stull, goan hae anither drink!'
Mair fowk pile in thi hoose,
McCormack's fa'in aff eez sate
An sumdeez been feedin Sheba beer,
Now thi doagz in a paraletic state!

Weer upstairz bouncin on thi bed,
An trehin – abdeez jeckitz on
Wiv done well, itz half-past-four,
Wi crash efter giein oot a yawn
In thi moarnin it looks like Armageddon,
Thirz boadeez lehin blootered ivreewahr
Thi stale beer an sweaty socks hit ye,
1st o January – wut a bliddee start!
Soon enough, thi cail potz heatin up,
Thi wounded an pished ir ah rivvehvved
Then dragged oot, aff ye went furst-futtin,
Happy New Year 1975
Eh, back then Hugminnay *wiz* special,
even wi Andy Stewart an ah that pish!
It wiz pert o oor identity an culture,
Great memories o times... firivir missed!

Tribal Tongues

OK, this iz goin oot fir thi whole o Dundee –
Ehm talkin aboot thi fowk in Fintry, Kir'tin,
Lochee, Mid, Douglas, Charleston, Beechie,
St Mary's, Linla'hin, Stoabie, Meenishill,
Ardlir, Drehburra, Hulltoon, Mull-ih-Mains, Coldside,
Trottick, Thi Dales, Clemy Park,
Poley, Claverhoose an Witfeeld.
Dundee fowk one and all!

Wir bringin poetry back ti thi massiz
Eh, thi common fowk an thi wurkin classiz
Tellin it jist how it wiz
Honest an open an this iz wut iz
Some sade tho it couldna be done
Hoosin skeem poets wi a brode, urban tongue?
Eh, too right! Fae Dundee an proud!
Weev hud enough o bein pit doon, takkin shite fae thi crowd

Nae backgroond o Shakespeare, Wordsworth, or Keats
Nae mind bein corrupted beh literary sheep
Thi 'this is correct' an 'how it should be'
Fuck that! This iz street-talk, expressive an free
We write aboot life an places wi ken
Wi laugh, reminisce an mind way back wen
Jist trehin ti connect an relate
Thi berries, thi gangs, thi good times wi yir mates

Respect goes ti Rabbie an McGonagall tae
But street poetry's rezzin an this iz *oor* day!
Weer rantin oot skeem rymz thit some fowk call tribal
A new dawn fir Dundee an thi city's revival
Itz sweary, itz fest, itz alehv an itz real
Weer smashin doon boundaries, we say wut wi feel
Thi voice o thi city, thi voice o oor ane fowk
Tribal Tongues comin at ye – itz here an itz *now*!

Turnin 40

Yir aalder, wezzir, responsible, mature...
Well fir some thatz mibbee true,
But fir me ehm no si sure
Tweed troozirz? Arran jumper?
Tartan baffies? Smoke a pipe?
Nae danger! Mibbee yearz ago, but now?
Git on yir bike!
Eh mind mi Mithirz 40th, eh thought,
'Thatz fuckin ancient!'
'Shiz no far aff an OAP,
An Saga bus vacations'
Itz thay wurdz 'thi big four O',
Well times uhv cheenjed since then
Meh daughterz mair grown up than me,
An sheez no even 10!

Lookin back through a 70s childhood,
Through thi lenz o a telescope
We wiped wir erse wi *Izal* paper,
An waashed wi Carbolic soap
Wi wir ah minks thigither,
Naebdee hud designer wear
It wiz beanz on toast fir tea,
An yir Mither cut yir hair
Gittin telt ti hud yir weesht,
Wen thi rent man chapped thi door
ABDEE wiz in arrearz –
Eh, thi rent man kent thi score
Nickin mulk aff thi neighbourz doorstep,
Afore boardin a berry bus
10 year-aald an awa on yir ane,
Imagine nowadays – imagine thi fuss!
Thir wiz nae fancy holidayz then,

Furst stop wiz thi Ferry beach
Mind, ye wurna lehin in doagz shite –
Meenie padz or human keech!
Ye dreamt o bein Evel Knievel,
Kenny Dalglish or Barry Sheene
Snottiry-nosed daydream believers,
In Dundeez coonsul hoosin skeemz
Political correctniss wuzna heard o,
Thir wiz nane o thay fannies goin aboot
It wiz arite playin knifie on a sweeng,
Or hittin concrete fa'in aff a roondaboot
Eh, wi took thi bumps an knocks,
Through youth ti adulthood
Thir wiz nae pish or pampered arses,
Times wir free an life wiz good

Mind, eh huv been stupid on occasion,
It huzna ayewiz been a laugh
Ehv done some stuff thit wiz mentul,
Ye could say doonright daft!
Majorca, 1986 – jumped oot a hotel windee
70-fut inti a sweemin pool –
Christ, it coulda fuckin killed me!
Eh, me an Scotty B,
Whiskied up an oot wir nut
Twa supermen fae Fintry,
Stull alehv but jist beh luck
Then tap o thi Xmas tree,
In Dundeez City Square
Blootered singin 'Jingle Bells',
Withoot wurry or thi slightest care
Got a bulb fae thi star on tap –
Aw Mither, she'll be proud
Nixt moarnin tho shi went berserk,
Shi wiz gonna boot meh dowp!

Well, ehm 40 now an life begins,
So wut wull thi future hud?
Thir pyin iz aff fae thi NCR –
But eh couldna give a fuck!
Coz Superstar Tradesman ringz oot –
Thi View's blarin in meh earz
Aald Dundeez no done yit –
Itz thi best buzz in thi toon fir yearz
Eh couldna be any happier,
Az eh look among thi faces
Femly, palz, eh – an absent friendz,
Fae thi streetz o familiar places
Ehm a Dundee boy an proud,
An ehl ayewiz love yiz ah
Thanks fir wut yiv made me –
Memories… naebidee kid tak awa!

Fir Erin

Shiz a bonnie wee thing...
Eh, az bonnie az a sunset on wir ane River Tay
A wee face thit wid waarm thi caaldest hert
An brighten thi darkest day

Az canny az a summer breeze,
Thit kisses angels' wingz
Az gentle az a flowin stream,
Thit laps thi rocks then singz

Each day bringz challenges new,
An needz a strong will ti succeed
That strength defies ir 10 young yearz,
Thi wurd 'can't', she dizna heed

Thi thingz we tak fir granted,
Thit only open ehz reveal
They thingz wee Erin huzta sense,
Or experience through feel

An yit, shi refuses ti be held back,
An unknowinly diz inspire
Ir enthusiasm fir life shines through,
An iz rightly so admired

Thirz music in ir hert –
Piano keyz enjoy ir caress
Shi kid sing an dance an act,
An diz so ti ir very best

'Mi wee Princess' Gill aye calls ir,
An ehl second that honourable title
A wee gem thit sparkles bright,
Yir right Gill – she iz entitled!

Like thi North Star ir smile glows,
Wile at Gran an Granda Young's
A love thitz pure an unconditional,
felt through happiness, play an fun

Eh jist hope someday technology –
Wull find that golden key
An unlock that gift thit we should cherish,
An an lit oor brave wee Erin see

Thi Factray Lavvies

Monday moarnin yiv got a turtle's hade,
Peepin oot yir erse
Itz time ti git doon ti thi bogz,
Itz time ti git there fest
Ye stash thi *Courier* doon yir drahrz,
An clench yir erse cheeks tight
Then dash an awkward, painful wak,
An prey ye dinna shite
Ye smell thi place afore ye see it,
Yir nostrulz tell ye so
Thi corridor hudz a methane cloud,
Ye hud yir braith – then in ye go
Furst cubicle ye enter 'Aw fuck!'
Ye turn an march back oot
Some dirty bastirdz left a jobbie floatin,
Ye near gag az ye staggir aboot
Nixt cubicle an itz gittin desprit,
Yir sphincter winna hud much mair
Ye drap yir keks then notice, 'Aw naw!'
Thirz nae bogroll there!
Ye mak it nixt door jist in time,
An lose twa stane in a flash
At last ye kid open thi paper,
In that God-awful stench – ye relax
But itz only a mettir o time,
Afore some puir boy rushiz in
Eez left wi thi only available cubicle,
Eh thi ane wi nae bogroll within
Ee litz loose thi weekendz indulgence,
14 Guinness, a kebab an vindaloo
Thi pan gitz peppered like a shotgun,
Az ee groanz an wipes eez broo
Ee reaches fir paper thitz no there,

Yir shair ye kid hear uhm weep
Eez jist realezzed eez only option –
Eel hae ti wipe eez erse wi eez breeks
Eh, thi factray lavvie culture's unique,
Itz wahr ye hear an see it ah
Wahr else kid ye view an art gallery,
Fuhl ih snottirz wiped ah ower thi wa
Eh, some fowk tak great pride,
In pittin thir dooleez on show
Ithirz uhv smeared shite like Jimmy Boyle –
Thir reasons? Ehm fucked if eh know!
Thirz intellectual vandalz wi creative urban scrawl,
Claimin some colleagues tak it up thi erse!
Thirz geniuses much like McGonagall,
Writin pure pish in crap poetic verse
Itz a sanctuary, rest hoose an lehbrirry,
Itz a place thitz maistly gaffer-free
An fir them thit enjoy a wee wank,
Thankfully – nae CCTV
But thirz one freak situation,
Eh jist canna figure oot
Nightshift – yir sittin there on yir ane,
Nonchalantly clearing yir chute
Ye hear thi main door sweeng open,
An thi futsteps gittin near
'Shairly no,' ye say ti yirsel,
'Yir no awa ti sit doon here!'
THIRZ 14 FUCKIN CUBICLES FREE!
But they waant right beh yir side
Thi then disturb thi bliddee peace,
Thir diahorrea bubbles up then slides
Mind, thirz nae such pantomime in thi ladies,
Nae off-loadin 13 pints o hivvee
Nae rustle o papers or fixed oadz couponz,
Or floatin shite an panz left skiddee

Yull no hear THEM on thir mobile phones,
Bletherin wile thi shite fleez oot thir erse
Thull nivir hae ti endure that toxic reek, thitz hud some
Fowk stretchered in a hearse
Eh, thi factray lavvies –
Wut a place, wahr only thi strongest survehv
Wahr breathin apparatus an a canary,
Ir essential if ye waant ti stye alehv!

Andy Broon (Thi Ane Fae Thi Shams)

Thir wiz a Fintry Sham crehd Andy Broon
Yoosta create fuckin mayhem in thi centre o toon
Wi eez rade an black jumper an eez ten-hole baitz
Rappin fowks pussiz haein a laugh wi eez mates
Drinkin in thi Dolphin in a right pished state
Thi wrath o thi Screamin Skull goin aff ir hade
Beltin oot thi Corries wi Linzee an thi boyz
Johnnie Cope an Killiecrankie – stirrin up a noise
Got a trade az a sparky, went on a homer spree
Some joabz tho wurna jist fir cash – eed eat yir fuckin tea!
Eh, puir Jim Tardito, momentarily left eez grub
Andy an eez mate stuffed thir pus then hut thi pub
An anither classic tale, wen a joab wiz incomplete
Thi wir shoart o an isolation switch,
So ee took aff up thi street
'Look, yir shower'll be back on thi moarn!'
Eh, ee borryed thi but aff eez mate
That wiz 22 fuckin year ago! Now thatz wut ye call a wait!
Eez an Arab throo an throo, eez nae time fir thi DFC
Ee famously challenged thi whole Dens Derry in thi May o 83
An that time in thi Centre Bar, Gordon Strachan created a fuss
Ee ower-stepped thi mark tho – Andy Broon hudta slap eez pus!
Eh, eez a Sham an rightly proud, eez big an tough an hard
Mind, eez furst visit ti eez In-Lahz,
left oor Andy mentally scarred
Suited-up ti mak an impression,
St Kilda Road ee wiz nervously stannin
Az ee entered, Denise looked up – check it oot –
'Heerz big Frank Cannon!'

Geeza Break

Politically correct? Wen did that shite tak effect?
Nae wunder fowk jist laugh
Thir arse aff – wuudda thi expect?
'Right kidz – litz sing 'Baa Baa White Sheep' –
Wahr thi fuck iz 'Baa Baa Black?'
An 3 visually-impaired mice wi nae carvin knife?
They nursery rymz ir crap!
Humpty Dumpty, a big fat bastird,
Rolled aff thi dyke then broke
Oh, ye canna upset thi fat fowk!
Git a grip – it wiz jist a joke!
Thir wiz Skinny Malinky Lang Legz –
Eh, yoosta run throo thi toon
No any mair shi duzna tho,
Yir no allowed ti sing that tune

Thiv trehd ti ban wir famous haggis,
An thi Arbroath Smokies an ah
Brussells – ye kid awa an shite!
Yull nivir tak oor traditions awa
Eh, we pished in berry buckitz,
Yit naebiddee ivir dehd
It gave thi jam itz flavour,
It helped mak thi rasprayz spread
Wi drunk thi waater oot thi Burnie,
Ate food thit wiz way oot ih date
In thi sweengpark wi fell on concrete,
Split hades? Wi jist accepted wir fate
Nae playin conkirz in thi playgrund now,
Nae makkin slides on ice
'Itz all too dangerous!' say thi suits – ken wut?
Ye kid FUCK OFF – TWICE!
Yiv spylt thi bairnz Sports Day,

Wi nae winnirz or competition
'And don't partake in any contact sports,'
Yiv murdird thi young ambition
Skale lessinz? Too bizzee learnin ither cultures,
Fae Jerusalem ti Pakistan
Thirz *nae weh* they're learnin aboot Culloden tho,
In thi classiz o Uzbekistan!
No, ehm no a fuckin rascist –
But immigrants uhv got ti realehz
Ye accept oor identity an culture,
Oor language, oor histray an oor wehz
Coz eh canna go demandin Scottish Gaelic,
Or Scottish religion in their foreign landz
Bagpipe tuition or shops sellin shoarty –
Thir governmintz'd be up in fuckin arms!

An wutivir happind ti dwaarfs an midgets?
Thir now ca'd 'vertically challenged' fowk
If eh wiz a dwaarf ehd be offended,
Wi that pish they do-goodirz spout
Thi waant Xmas tane aff thi calendar –
Thi waant manholes no named efter men
An blackboardz irna black any mair –
Thir jist boardz thit look black ye ken!
Tom an Jerry? Far too bliddee violent!
An wut aboot thi Punch an Judy Show?
Judy canna rap Punch in thi pus now,
Thi beaurocratic fannies telt ir 'No!'
Pathetically correct – thatz wut thi are,
Thid hae wi ah wrapped in cottonwool
Well thi kid ram thir cottonwool up thir know-all arses,
An bollocks ti thir list o stupid rules!

Gangs of Dundee

Gary Robertson

ISBN 1 906307-02 4 PBK £9.99

Ye knew wah ah
the ither gangs wir.

Ye knew the colours
an ye knew maist
o the nuttirz.

No bein associated
wi a gang wizna
really an option.

The law o the street
jungle prevailed.

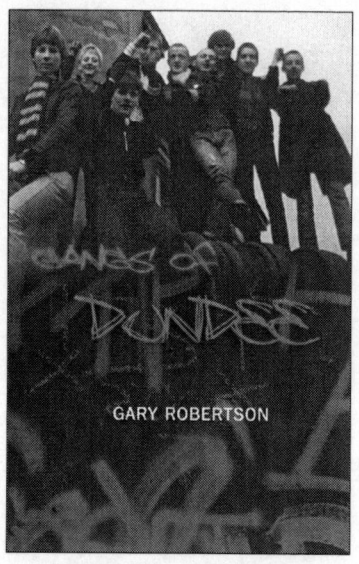

Dundee has a long, illustrious, and well-documented history – the city of 'jute, jam and journalism'. There is, however, one aspect of Scotland's fourth largest city yet to be told – the story of Dundee's gangs.

From the Huns to the Shimmy, the Shams and the Fleet, the stories of generation after generation of Dundee's youths have without doubt been shaped by gang culture. It is this side of Dundee's history that rap poet, and former gang member, Gary Robertson reveals in this book.

Robertson has told the story of the gangs in their own words, basing his accounts on interviews with former and current gang members, giving an anecdotal, colourful, and fundamentally true-to-life history of this volatile subject.

Bard fae thi Buildin Site

Mark Thomson

ISBN 978 1 906307 14 1 PBK £7.99

Mark Thomson's powerful debut collection celebrates all things Dundonian; its people, its mills, its schemes, but above all its dialect.

Writing solely in his 'mither tongue', Thomson demonstrates the flexibility of his native language in dealing with subjects from drug addiction to Scottish history to a man trying to chat up a woman.

An intelligent discussion of working-class life, *Bard Fae Thi Buildin Site* is passionate and funny, tackling serious social issues as openly as love for one's family.

Stravaigin

Liz Niven

ISBN 1 905222 70 X PBK £7.99

At the core of this wide-ranging collection of poems is the notion of the Scots as a community of 'stravaigers' or wanderers within as well as beyond Scotland's borders.

Liz Niven draws on a variety of resources – the history of the Scots, her personal roots and the contemporary landscape – and moves outward, through various foreign cultures and many moods, to view the world through distinctly Scottish eyes.

She often adopts a feminist perspective, sometimes with incisively satirical intent. In 'A Drunk Wumman Sittin oan a Thistle', her monologue brings new meaning to MacDiarmid's seminal poem as well as providing immense, self-effacing entertainment on the plight of contemporary Scots women.

Elsewhere, Niven offers stunning lyrical verse or longer narrative poetry, always beautifully crafted and with lasting resonance.

The Ruba'iyat of Omar Khayyam, in Scots

Rab Wilson

ISBN 1 84282 070 2 PBK £9.99

Almost a thousand years ago there lived in Persia a great and wise man who was a brilliant mathematician, an astronomer to the Royal Court, and a poet of unparalleled vision and wisdom. His name was Omar Khayyam. In the western world he is known as the author of *The Ruba'iyat*.

An influential, inspiring poetry collection of striking profundity, *The Ruba'iyat* asks questions of ourselves that are still relevant today. Transformed into Lowland Scots, Rab Wilson's version of *The Ruba'iyat of Omar Khayyam* leaves behind the souks, bazaars and taverns of medieval Persia and transports us to the bustling urban scenes of modern, inner-city Scotland. Join the flotsam and jetsam of a teeming underclass as they tell us of their regrets, their joys and their hopes, and realise – even after centuries passed – that essentially nothing has really changed for any of us over the centuries.

Parallel Worlds

Christine De Luca

ISBN: 1 905222 13 0

Sam but different
Ha'in, fae da start, mair as ee wye
o spaekin,
O makkin sense o things, we learn
ta fit
Whit we say to whit's lippened.
Takk pity apo dem
At's born to wan tongue; dem at
nivver preeve
Maet fae idder tables. Raised wi
twa languages is unconscious
faestin; twa wyes o tinkin.
Een extends da tidder; can shaa
wis anidder wirld
Yet foo aa wirlds is jost da sam,
but different.

De Luca's languages (Shetlandic, English, Scots) have given her her identities and her expression. Includes a brief overview of the Shetlandic dialect and origins and translation of terms into English.

The musical delivery of these fine poems sings off the page... De Luca seems to swim through centuries and across cultures with consummate ease. And her commitment to the Shetland tongue is far from insular – it is the key to the world...
SCOTLAND ON SUNDAY

The Love Songs of John Knox

Alistair Finlay

ISBN 1 905222 30 0 PBK £7.99

This collection consists of poems and musings on contemporary Scottish culture, literature and identity, thematically linked by the iconic – and controversial – figure of John Knox. Knox's voice has echoed down the centuries, lampooned by Burns, mimicked by Carlyle, given homage by MacDiarmid, secularised in the radical polemics of Jon Maclean and Willie Gallacher, and continues today with Alistair Findlay.

In amusing reveries and letters to historical figures, Knox takes on a new role and highlights not only the clash of past ideas with those of the present, but also the similarities between them.

Written in a blend of Scottish dialect and traditional English, Findlay's Knox addresses issues ranging from prostitution and revolution to Celtic FC and war in Iraq.

Accent o the Mind

Rab Wilson

ISBN 1 905222 32 7 PBK £8.99

The 'Mither o aa Pairlaments'? A sham! They've ne'er jaloused in mair's fowr hunner years, Whit maitters maist is whit's atween yer ears!

An inspirational new collection from a key player in the reinvigoration of the Scots language in modern Scottish society, encompassing history, text messaging, politics, asylum-seeking hedgehogs and Buckfast. This is Scottish poetry at its best. *Accent o the Mind* follows on from Rab Wilson's groundbreaking translation into Scots of the Persian epic, *The Ruba'iyat of Omar Khayyam*, with a Scots translation of Horace satires.

It also includes sonnets inspired by the Miners' Strike of 1984–85; poems he scribed as a Wigtown Bard; and the results of being twinned with his local MSP.

Bursting with ambition, technically brilliant and funny.
SCOTLAND ON SUNDAY

Sae weel pit thegither is the verse, wi its rhymes an lilt o howp, that I've read it mony times.
LALLANS

Luath Press Limited
committed to publishing well written books worth reading

LUATH PRESS takes its name from Robert Burns, whose little collie
Luath (*Gael.*, swift or nimble) tripped up Jean Armour at a wedding
and gave him the chance to speak to the woman who was to be his wife
and the abiding love of his life. Burns called one of the 'Twa Dogs'
Luath after Cuchullin's hunting dog in Ossian's *Fingal*.
Luath Press was established in 1981 in the heart of
Burns country, and is now based a few steps up
the road from Burns' first lodgings on
Edinburgh's Royal Mile. Luath offers you
distinctive writing with a hint of
unexpected pleasures.
Most bookshops in the UK, the US, Canada,
Australia, New Zealand and parts of Europe,
either carry our books in stock or can order them
for you. To order direct from us, please send a £sterling
cheque, postal order, international money order or your
credit card details (number, address of cardholder and
expiry date) to us at the address below. Please add post
and packing as follows: UK – £1.00 per delivery address;
overseas surface mail – £2.50 per delivery address; overseas airmail
– £3.50 for the first book to each delivery address, plus £1.00 for each
additional book by airmail to the same address. If your order is a gift,
we will happily enclose your card or message at no extra charge.

Luath Press Limited
543/2 Castlehill
The Royal Mile
Edinburgh EH1 2ND
Scotland
Telephone: 0131 225 4326 (24 hours)
Fax: 0131 225 4324
email: sales@luath. co.uk
Website: www. luath.co.uk